행복도 연습이 필요합니다

행복도 연습이 필요합니다

초 판 1쇄 2023년 09월 11일

지은이 김채은
펴낸이 류종렬

펴낸곳 미다스북스
본부장 임종익
편집장 이다경
책임진행 김가영, 신은서, 박유진, 윤가희, 정보미

등록 2001년 3월 21일 제2001-000040호
주소 서울시 마포구 양화로 133 서교타워 711호
전화 02) 322-7802~3
팩스 02) 6007-1845
블로그 http://blog.naver.com/midasbooks
전자주소 midasbooks@hanmail.net
페이스북 https://www.facebook.com/midasbooks425
인스타그램 https://www.instagram/midasbooks

© 김채은, 미다스북스 2023, *Printed in Korea*.

ISBN 979-11-6910-322-0 03190

값 16,800원

미다스북스는 다음세대에게 필요한 지혜와 교양을 생각합니다.

행복도 연습이

필요합니다

오늘부터 나는 행복합니다

김채은 지음

행복 연습을 시작하며

결혼을 스물 셋에 해서 아이와 함께 나도 성장했다. 하지만 나 또한 힘들고 어려운 시기를 보냈다. 이 책이 그런 시기를 지나고 있는 모든 사람들에게 행복할 수 있는 기회가 됐으면 좋겠다.

20대 초반부터 읽었던 자기계발 책은 나와 떼려야 뗄 수 없는 사이였다. 책은 늘 나에게 큰 원동력과 삶의 나침반이라고 할 수 있었다. 이 책을 읽고 계신 독자분들에게도 동기부여와 삶이 나에게 비춰주는 모든 것이 소중하게 생각하게 될 수 있는 기회가 될 것이라고 믿어 의심치 않는다. 나는 모두가 행복해졌으면 하는 마음으로 이 책을 썼으며, 모든 나날이 햇살이 비추는 따뜻한 날이 되었으면 하는 마음이다.

모든 사람이 행복한 매일을 보냈으면 한다. 행복하게 하루하루 살아가는 것이 얼마나 감사한 일인지 모르겠다.

늘 행운과 행복이 가득한 나날을 보낼 수 있도록 삶을 비추는 등대처럼 모든 날이 빛나길 바란다. 삶이 그대를 힘들게 할지라도 그것 또한 지나갈 것이며, 그것 또한 자신을 단단하게 만드는 하나의 과정일 뿐이다. 나 또한 힘든 과정과 역경을 거쳐서 더 큰 나로 성장할 수 있는 기회와 원동력이 되었으며, 그 힘들었던 순간을 어떻게 현명하게 넘기느냐에 따라서 가까이 있는 행복을 놓치고 사느냐, 마느냐가 달려 있다고 할 수 있다.

아이들을 키우며 힘든 시기와 좌절과 실패를 잘 넘겨서 모두의 삶이 늘 빛나길 바란다.

나는 가까운 행복을 놓치지 않으며, 행복한 습관을 통해 매일의 순간순간을 행복하게 보내기 위해 노력한다. 어떤 힘들었던 순간도 늘 아름답게 보낼 수 있었던 것은 아이들이 있었기 때문이라고 해도 과언이 아니다.

육아를 하면서 힘들고 내 뜻대로 되지 않았던 것이 정말로 많았지만, 그런 힘들었던 순간을 어떻게 슬기롭게 헤쳐 나가야 하느냐에 따라서 내가 달라지는 것이라고 생각한다.

나에게 힘들었던 순간에 큰 힘이 되어주시고 멘토가 되어주신 〈한국책쓰기1인창업코칭협회(이하 한책협)〉 김태광 대표님과 권동희 대표님께 감사함을 전하고 싶다.

부정적인 감정과 이제는 다 지난 아픈 과거와 자신과 맞지 않는 인간관계로 인해 더 이상 감정과 에너지를 소비하지 말자. 긍정적인 감정을 가지고 인간관계에서도 적당한 거리를 두고선 자신의 감정을 지켜 나가야 한다. 자신을 옭아매는 올가미를 벗어 던지고 자신을 더욱 성장시키고 발전시키는 데에 에너지를 소비해야 한다. 그것이 얼마나 바람직하고 얼마나 소중한 시간인지 모를 것이다.

그런 시간들을 매일매일 자신을 위한 발전적인 시간과 좋아하는 취미로 삶을 좀 더 풍요롭고 다채롭게 채웠으면 한다. 또한 어떤 일이든 해낼수 있는 자신감을 키웠으면 한다. 그대는 언제나 소중하고 늘 행복한 일들로 가득할 것이며, 모든 사람에게 친절과 사랑을 베풀며 살아갈 수 있다. 우리 아이들에게도 이 책이 성장하는 데 도움이 되었으면 하는 마음으로 책을 썼다.

항상 당당하고 삶을 이끌어가는 그대가 되기를 믿어 의심치 않습니다. 언제나 행복과 행운이 가득하기를 빕니다.

PART 1

행복은 언제나 가까이 있다

1

나에게 보내는 구조 시그널

–

누군가를 부러워할 필요가 없다. 나도 어렸을 때 어렵게 살았으며, 늘 돈이 부족해서 힘든 나날을 보냈다. 어렸을 때 힘들었던 시기가 많았다. 힘든 만큼 가족들 간의 불화가 많았으며, 가족과의 관계도 깨지고, 집안에 큰 다툼이 일어나 몸싸움도 있었다.

나도 결혼 후 큰 좌절을 겪었던 순간이 있었다. 4,000만 원이라는 큰 돈을 잃고선 엄청난 상실감에 빠져 아무것도 할 수 없었기 때문이다. 하지만 가족이라는 틀 안에서 아이들을 위해서라도 힘을 냈으며, 내가 할 수 있는 어떤 일이든 해결하고자 하는 마음가짐으로 하루하루를 보내니 점차 많이 나아지게 되었다. 다들 무거운 짐을 하나씩 가지고 살고 있으며, 가족이라는 힘이 있기에 나는 더 강해지고 그 힘듦에서 벗어났을 때에 성취감이 크기 때문이다. 그 힘듦을 어떻게 극복하느냐에 따라서 나의 생각과 태도가 바뀐다. 부정적인 생각에 파묻혀서 거기에 빠져들게 되면, 문제의 해결점은 나오지 않고, 하소연을 받은 사람과 하소연 한 사람에게 둘 다 좋지 않은 방향으로 갈 수 있고 안 좋은 에너지를 주고받는 거나 다름없기 때문이다.

그렇게 서로 얘기 하다가 보면 어느새 둘에게 화나는 일이 생겨서 서로에게 안 좋은 영향력을 끼칠 수 있고, 모든 일과 말에는 에너지가 있다고 생각한다. 힘들 때 서로를 도와주겠다는 좋은 마음가짐을 가진다면 하루하루가 매우 활기차고 새로운 에너지로 채워질 것이다.

무슨 일을 하던간에 앞서서 어떤 일에는 시행착오가 있기 마련이다. 그럴 때마다 누구에게 하소연을 하기보다는 해결 방안, 해결 방법을 찾아가는 것이 답이라고 생각한다. 그건 정말 듣는 사람과 말하는 사람에게도 득이 되는 행동이다. 실패를 통해서 배운다는 자세로 매일 내가 나아가는 것으로 충만함과 행복함을 채워가는 것이다.

한 번의 성공은 없다, 실패를 통해서 성공으로 나아가는 것이다.

나는 무슨 일에 있어서 힘듦이 있을 때에 그 문제에 대해서 누구와 함께 문제를 해결을 하고 서로에게 도움이 될 수 있는 사람이 되도록 해야 하며, 나도 누군가를 도울 수 있는 사람이 되도록 공부하고, 생활화하면, 내가 좋아하고 사랑하는 일에 생각을 하다 보면 그것은 저절로 몸으로 행동으로 자연스럽게 나온다. 그렇게 힘듦이 있을 때마다 해결하다 보면 저절로 운도 올라가고, 모든 일이 술술 풀려서 해결점이 나오고, 그것으로 인해 연쇄 작용이 일어나서 어떤 일이든 내가 해결할 수 있다는 자신감이 붙으며, 그로 인해 일의 능률도 올라가서 모든 일이 잘 해결될 것이다.

성공만 앞서서 생각 하지 말고 행동도 앞서서 일을 진행해봐야 한다. 그래야 실패라고 할 순 없는 과정들을 걸쳐 성공으로 가는 길이 만들어진다. 아무리 어렵고 정말 포기하고 싶더라도 미래를 생각하며 극복한다는 마음으로 한 걸음 한 걸음 걸어가다 보면 자신의 목표가 앞에서 손짓을 하며 성공의 길로 안내해줄 것이다. 그 힘듦조차도 나에겐 축복이라고 생각하고, 나의 더 큰 성장을 위해서 이런 시련을 주시는 거구나 생각하라. 생각하다 보면 어느새 문제 또한 해결이 되고 그로 인해서 나의 일의 능률도 그만큼 올라갈 것이다. 우리에겐 언제나 그 힘듦을 불만의 대상이라고 생각하고서 행동을 하면, 그것은 더욱 큰 문제가 되어 나를 향해 무서운 속도로 달려올 것이다. 그래서 나는 항상 문제가 있을 때마다 해결점을 찾고 더 이상은 이 자리에서 안주하지 않겠다는 마음가짐으로 행동한다.

더 크게 성공하기 위한 도약을 준비하는 시행착오라고 생각하면서 더 노력하고 발전되는 쪽으로만 생각을 해왔다. 무슨 일이든 간에 내가 할 수 있다는 자신감으로 내 안에 또한 성공한 내 자신이 길을 안내를 해준다고 생각을 하면서 그 축복으로 받아들이기만 하면 된다.

언제까지나 별다른 노력없이 불평불만만을 일삼는다면 역시 그저 그런 삶이 나에게 펼쳐질 것이다. 그런 삶이 펼쳐지면 어떻게 되겠는가?

항상 모든 일에 있어서 불평불만이 생기는 것이다. 나는 나의 꿈을 위해서 내가 이루고 싶은 것들 위해서 생각을 하다 보면 저절로 나의 방향에 맞춰서 나아가게 된다.

어려운 일이 닥쳤을 때에 이겨 낼 수 있다는 마음과 그 일로 인해서 내가 더 크게 성공 할 수 있다는 생각을 가져야 한다. 그 힘듦을 나의 성장의 밑거름으로 삼아서 생각하고 나의 의식 자체를 성공에 대한 포커스에 맞춰서 일을 하다 보면, 저절로 나를 성공의 길로 안내를 해줄 것이다.

그 믿음 하나면 된다. 뭐든 된다고 생각만 하라.

나의 성공의 길, 나만의 길, 내가 이루고 싶은 길을 목표로 삶을 살고 그 모든 과정을 즐기고 누리다 보면 어느샌가 나의 삶의 목적지에 와 닿아 있을 것이다.

그대의 힘듦을 알아주지 않는다고 불평불만을 하지 마라 내가 할 수 있는 최선의 노력을 할 때라야 비로소 더 큰 성취감을 얻게 될 것 이다.

그리고 그 순간을 즐겨라.

모든 일에 내가 다 반응할 필요 없으며 목표가 있고, 그 목표만을 내 마음에 심고선 다른 생각은 하지 않으면 모든 일은 때에 맞춰서 잘 해결될 것이다. 당신이 가지고 있는 '힘듦'에 초첨을 맞출 필요가 없다. 내가 가지고 있는 해결할 수 있는 것에 초점을 맞추고, 해야 할 일을 꿋꿋하게 실행하다 보면 삶에 즐거움이 느껴질 것이다. 일을 할 때도 긍정적으로 재미있게 일을 하면 된다.

나 또한 그랬으며, 그 힘듦이 닥쳐 올 때마다 딛고 일어나 모든 일이 더 크게 더 좋은 일로 더 많은 성공을 이룰 수 있었다. 그러니 더 일이 착착 진행되고 성공으로 향하는 길에 빨리 갈 수 있기 때문이다. 그대를 위한 삶을 위해서라도 모든 일에 목표를 정하고선 달리면 된다고 말하고 싶다. 그리고 성공한 분들의 책을 많이 읽는 것이 중요하다.

내가 성공하고 싶은 것과 관련해서 많이 공부하고 많은 책을 읽고 그 분들에 대한 스토리를 알아가는 것도 많은 도움이 되었다,

삶이 주는 것에 늘 감사한 마음을 잊으면 안 되고, 책에서도 나의 멘토를 만날 수 있는 것이다. 내가 만약 그 힘듦 때문에 계속 나만의 동굴로 들어가도 해결점은 없다. 어떤 어려움이든 해결점을 찾는다는 마음가짐으로 아무리 겁이 난다고 해도 나에게 맞는 목표 설정을 했다면 그 설정에 맞춰서 나만의 내비게이션을 발동시키자. 이때 나의 느낌이 중요하다. 왜냐하면 그걸 이루는 성취감을 가지고 더 큰 성공을 하나씩 가질 수

있기 때문이다. 나는 어떤 어려움이 있을 때 감사하기를 절대로 잊지 않았다. 작은 것 하나하나에도 감사한 마음을 느꼈다.

어렸을 때 많이 힘들고 어려웠지만, 엄마가 있었기에 큰 힘이 되고 위안을 많이 받았다.

그것이 내가 어렸을 때 힘들었던 시기를 이겨 낼 수 있었던 이유였으며, 그런 힘든 상황 속에서 작은 감사가 모여 눈사태처럼 감사한 일이 쏟아지기 때문이다.

우리는 절대로 불행하기 위해서 태어난 게 아니다. 행복하기 위해서 태어났으며, 모든 일이 잘될 것이라는 자신감으로 나아가는 것이다. 어떤 일이든 잘되고 있다는 마음가짐으로 살아가다 보면 작은 성취감들이 모여서 더 큰 성취감과 일에 대한 성공과 나의 행복한 생활에 대한 꿈이 모두 이루어지는 것이다.

절대 부정적인 생각, 나와 관련 없는 생각, 나에게 도움 되지 않는 생각을 할 필요조차 없다. 그런 생각을 할 에너지를 소비하는 것은 시간과 에너지를 낭비하는 것과 다름없기 때문이다. 늘 건강한 마음가짐과 좋은 에너지로 나를 채워라.

그것이 복리처럼 쌓여서 행복한 마음의 루틴이 만들어지는 것이기 때문이다. 내가 원하는 목표에 맞춰 생각과 말을 하고 내가 감사한 것에만 포커스를 맞춰서 일을 하다 보면 감사한 일을 통해서 성공을 향해 모든 일이 다 이루어지기 때문이다. 부정적인 생각에 사로잡혀서 상황을 악화시킬 필요는 없다. 나는 내 생각이 주인이며 그 부정적인 생각에 집중할 필요가 없다. 나의 호흡에만 집중해야 한다.

호흡에만 집중하고 집중하라. 그대에게 늘 최선의 길이 준비 되어 있으니, 누가 무슨 생각을 하든, 누가 무슨 말을 하든, 신경 쓸 필요도 없고 에너지를 소비할 필요도 없기 때문이다. 항상 기분이 좋은 것들과 기분 좋은 생각을 하면서 더 큰 나로 성장하는 나의 모습을 그리면서 더욱 미래에서 성공한 내가 현재에 나에게 보내는 것에 에너지를 집중하자.

시그널을 잊지 말자. 그 에너지와 시그널을 찾아서 내가 원하는 것을 이룰 수 있다는 마음가짐으로 항상 도전하며 내가 즐거운 마음으로 일을 하나씩 끝내는 것이다. 모든 일은 다 성공을 위해서 나아가는 것이다. 그대 또한 나 또한 성공이 늘 나에게 보내는 시그널을 주고 있는 중이다. 어려운 역경을 지나가다 보면 더 좋은 날이 오는 것이다. 그걸 믿고선 한 걸음 내딛어 보자. 무조건 나와 도움 되는 생각만 하는 것이다. 그저 나에게 좋은 생각과 좋은 말만 하고 느끼며 생각하면서 마음을 편안히 내려놓는 것이다.

2

나의 앞에 있는 행복 찾기

—

우리는 늘 부족한 부분, 누구와 비교하는 삶, 비교되는 삶, 경쟁하는 삶으로 평생을 살아왔다.

나도 늘 학창시절에도 성적순으로 누가 더 성적이 좋은가에 따라서 선생님께 예쁨을 받거나 관심을 받는다는 것 당연하다고 생각했기 때문이다. 하지만 누구에게 꼭 관심을 받아야만 하는 것은 아니라고 생각한다. 나를 더 아끼고 나를 더 사랑하면서 더 좋은 것들로 나를 채울 수 있다고 생각한다. 누구에게 맞출 필요 없이 기쁘고 행복하기 때문이다. 또한 성인이 되어서도 직장생활, 친구들과의 만남, 그리고 엄마들 간의 아이들을 성적순으로 나누거나, 경쟁 심리를 계속 자극 하는 일, 가족 간의 갈등 중에서도 서로에 대한 경쟁을 하는 것은 당연하게 생각하게 된다. 우리는 바로 앞에 있는 행복을 알지도 못하고, 불만, 불평, 시기, 질투로 시간낭비하기엔 우리가 너무 소중하지 않은가?

앞으로 우린 하루하루를 기쁨 마음으로 받아들여보자. 나는 우리 가족이 건강함과 튼튼한 다리가 있고 볼 수 있는 눈이 있으며 또한 물을 먹을 수 있음에, 씻을 수 있는 물이 있음에, 따뜻한 집이 있음에 감사함을 느낀다. 우리는 바로 앞에 있는 행복이 있음에도 자꾸 누구와 비교하고 누구와 비교당하며 살고 있다. 우리는 바로 앞에 있는 행복을 보지 못하고선 늘 불행한 삶을 살고 있지 않은가? 그런 삶을 살기에는 우리 인생은 너무 시간이 아깝지 않은가 말이다. 나의 삶을 더욱 풍요롭고 아름다운 것들로 채우는 것도 시간이 아깝다. 나는 이 우주에 하나밖에 없는 소중한 나를 어떻게 이렇게 나를 미워하고 나를 상처 주면서 인생을 낭비하고 있지 않은가? 그렇게 가슴 아픈 일은 또 없을 것이다.

나는 그런 삶을 살아 봤고, 누구나 비교하는 그런 삶을 살고 있지 않은가?

　나는 나를 사랑하는 방법, 나를 찾아가는 방법, 나에 대해서 더 연구하고 사랑하는 방법을 찾는 것은 우리 바로 앞에 있는 행복을 찾아가는 길이라고 생각한다. 내가 좋아하는 일, 내가 사랑하는 일, 내가 사랑하는 가족, 나와 함께하고 있는 애완동물들, 나는 그렇게 나의 삶과 목적, 행복을 찾아가는 방법을 하나씩 하나씩 배워가고, 또 그 행복을 다른 사람들에게 나눠 줄 수 있다고 생각하며, 그 행복 바이러스는 주변으로 퍼진다고 생각한다. 나는 행복을 주는 사람이 행복을 갖는 거라고 생각하며 행복을 줄 수 있는 사람이 그만큼 마음이 커져서 모든 일에 있어서도 문제를 잘 해결해 나가고 어떤 일을 해낼 때 마다 모든 일에 있어서 대처하는 능력도 커진다. 내가 어떤 일이든 해낼 때마다 나의 성취감, 나의 자존감, 나의 행복감은 더 플러스 되어서 모든 일이 더욱 하나씩 잘 풀려간다고 할 수 있다. 나에게 원동력은 당연히 우리 가족이다, 나의 딸들과 사랑하는 나의 남편이 있고 따뜻하게 살 수 있는 집에 있음에 늘 감사할 뿐이다. 누구에게나 가족은 삶의 원동력이자 행복이라고 생각한다.

　가족을 생각하며 힘든 일이 있더라도 이겨내고 살아가는 것이 아닌가?

그것 또한 나는 너무 감사하다. 나에게 가족은 너무나 소중하며, 신께서도 우리 가족이 모두가 늘 행복한 일만이 가득하시길 바라고 그렇게 되기를 늘 항상 힘써주신다고 생각하고 있다. 그렇게 나의 삶에서 더욱 좋은 일이 가득하게 빌어주는 것이 바로 감사하는 마음이라고 생각한다. 감사할 줄 알아야 바로 앞에 있는 행복을 하나씩 찾아가는 것이다

나만의 자존감과 가슴 벅찬 행복감을 느껴지지 않는가?

행복을 찾아가는 길이 하나씩 알게 될수록 모든 일이 잘 풀리며 풍요로움도 저절로 찾아온다. 그대 또한 누구보다 강하고, 누구보다 인생을 탄탄대로 달리고, 모든 일이 잘되는 것에는 바로 앞에 있는 행복을 놓치지 않고선, 찾아 가는 거라고 생각한다. 그런 삶을 살아가는 것이 아름답지 않은가? 주변에 늘 좋은 사람과 좋은 인연이 자연스럽게 만들어 지며, 그렇게 나만의 행복을 찾는 것은 그만큼 중요하다. 누구의 말에 휘둘리지 않고, 튼튼한 나만의 나무 뿌리가 줄기를 내려서 뿌리가 강하게 박히면 당당하게 거절할 수 있는 나만의 신념이 생긴다. 그렇게 사람들 간에도 지켜야 할 선과 지켜야 할 예의를 서로 조심하면서 더욱 건강한 관계가 형성되고 서로에게도 도움이 되는 사람이 되는 것이다.

그것이 인생이 풀리고 나의 행복을 만들어가는 과정이라고 할 수 있으며, 그것이 더 나의 그릇이 커져서 무슨 일이 있든 해결해 나갈 수 있는 나만의 규칙이 만들어진다. 그렇게 중요한 것이 나만의 행복을 찾는 것이다.

소중한 그대여 언제까지 그렇게 슬퍼할 것인가?

이 넓고 넓은 세상 무한대 세상에 인터넷 세상 넘쳐나는 정보 속에서도 나를 지켜나가는 신념을 찾아야 한다. 내가 모든 일에 있어서 해결점으로 찾은 것은 책을 읽으면서 나의 의식을 성장시키고, 내가 변화하기 위해서는 나를 도와줄 수 있는 사람을 찾아가야 한다는 것이다. 나만의 행복 찾기를 하나씩 만들어가보자.

나는 소중한 그대가 늘 좋은 일만 가득하길 빈다. 그대가 얼마나 소중한 사람이고 아름다운 사람인 줄 알기 때문이다. 그대의 소중한 가치를 찾아가기를, 그대 자신을 잃지 않기를 바란다. 그것은 자신이 더 잘 알고 있다고 생각한다. 그대를 위한 책으로 소중한 그대를 더 이상 아프게 하지 말고, 슬퍼하지 말며, 비교 하지 말며, 그대를 소중한 모습을 늘 놓치지 않기를 말아야 한다.

이 세상에 단 하나밖에 없는 소중한 존재이기 때문이다. 늘 노력하고 매일매일 나의 성장에 포커스를 맞춰서 무엇이든 누구에게든 배우려고 노력 한다. 누구든 소중하기 때문에 이것만은 잊지 않았으면 한다. 항상 나만을 생각하고, 사랑을 담아서 하루하루를 소중히 보내려고 하며 항상 인생이 원만하게 지나가길 빌고 있으며, 인생이 순탄치 않더라도 그것을 딛고 일어서서 모든 일이 나의 거름이 되고 그것이 나의 성장이 되서 더 큰 내가 되기 위한 발판을 되어서 더 큰 사람이 된다고 생각이 된다.

힘든 일이 있다고 너무 좌절하지 말며, 그 힘듦을 하나하나 다 이겨나 가서 모든 일이 잘 풀리면, 더 멋진 인생이 펼쳐지고, 모든 것이 그대를 위한 하나의 드라마를 찍는 것이라고 생각하며, 어떤 슬픈 일, 좌절하는 일, 힘든 일, 화나는 일을 이겨내서 멋진 사람이 되어 있을 것이다.

나는 나를 위해서 제일 먼저 하는 것이 바로 감사하는 일이다. 감사하는 일이 그 무엇보단 나의 인생을 풍요롭게 하며, 모든 일에 있어서 더욱 내가 감사한 일을 먼저 생각할 수 있는 일 중 하나라고 생각이 된다. 그 것이야말로 나의 가까운 행복이 바로 앞에 있다는 걸 알 수 있는 것 중에 하나이다. 나는 남과 절대 비교할 필요가 없으며, 비교에서 벗어나서 제일 내가 좋아하는 일, 사랑하는 일, 행복해하는 일을 하다 보면 가슴이 더욱 풍성해지고 행복한 일이 매일매일 쌓여서 더 자신감이 넘칠 것이다. 그리고 모든 일이 잘되어 가고 있다고 생각하면 된다.

그대를 위한 모든 것이 잘돼서 행복한 일이 쌓이면 얼마나 인생이 재미있겠는가?

나는 이 세상에 태어났으며, 행복하고 좋은 일들로 가득하고 인생을 즐기고 재미있고 행복하게 살다가 가야 한다고 생각한다. 내가 행복한 그만큼을 다른 사람들에게도 똑같이 행복을 나눠 줄 수 있기 때문이다. 행복이 나비효과처럼 퍼져서 모든 사람에게도 행복이 가 닿을 것이다.

3

사소한 일상에도 감사한 일들이 가득하다

—

감사한 일은 하나씩 찾을 때마다 내가 얼마나 이 하루가 소중한지도 알게 되고, 모든 일에서 감사하며 힘든 일이 있을 때마다 그 감사한 일을 생각하면서 그 어려움을 이겨 냈다고 생각한다.

인생이 순탄하기만 하면 얼마나 좋겠는가?

그런 삶을 살아가는 것 또한 큰 행복이며 인생을 즐기고 행복하고 사랑하고 감사한 것만 생각을 하다 보면 모든 것에 있어서 더 좋은 일 더 행복한 일이 끌어당긴다고 할 수 있다.

자신의 잠깐의 시간이라도 삶이 주는 것에 대해서 행복한 감정과 좋은 느낌을 계속적으로 생각하면서 나만의 장소를 만드는 것도 추천한다.

그렇게 인생에 있어서 모든 것이 더욱 멋진 인생이 펼쳐지고, 나는 어려운 일이 닥쳤을 때는 잠깐이지만 감사한 일 행복한 일은 매일매일 있기 때문이다. 힘듦은 그것 또한 금세 지나가는 것을 알기 때문이다. 그러니 인생을 너무 나에게 안 좋은 방향으로 생각할 필요가 없으며 에너지를 더 긍정적이고 행복한 방향으로 끌어당겨 나를 더 성장시켜야 한다.

더 좋은 나날들과 행복한 일들이 마구 연쇄적으로 일어난다고 생각하면 된다. 나에게 어떤 일이든 좋은 방향으로 이루어진다고 생각하면서 살아가면 되는 것이다. 인생의 힘듦을 딛고 일어나서 아이들은 더 큰 나로 성장할 수 있게 도와주는 마법 같은 존재라고 할 수 있다. 나도 너무 어렵고 힘든 일이 많았지만, 가족과의 불협화음 신랑과 내가 서로 너무 달라서 힘들었던 부분, 아이들과의 서로 맞지 않는 부분까지 어느 하나 안 힘들었던 적이 없었다. 누구나 다 그럴 것이다. 힘들고 어려운 일이 있을 때 그것을 어떻게 극복하느냐에 따라서 상황이 바뀌고 선택에 따라 나의 인생이 달라지는 것이다.

힘들고 어려운 일이 있다고 불평, 불만과 고난에 파묻히면 그것이 더한 불행을 불러온다고 생각한다. 나 또한 그랬다. 그럴 때일수록 그런 일은 일어나서는 안 된다고 생각하며 마음을 다잡아야 한다. 항상 나에게 어떤 좋은 방향으로 일이 진행이 될지를 생각하면서 좋은 생각과 좋은 기분으로 일들을 해내는 것이 중요하다고 생각한다. 좋게 생각을 할수록 모든 일은 좋은 방향으로 나아지기 때문이다.

어려운 상황에서 더 움츠러들지 말고, 나를 도와줄 수 있는 사람 의지할 수 있는 사람을 찾아서 나를 크게 성장할 수 있는 방향으로 이끌어 줄 수 있는 멘토를 만나는 것도 큰 행운이다. 그런 시간을 더욱 우리는 소중하게 생각하고 감사하게 생각하며 하루하루를 나의 성장에 조금씩 기여하도록 시간을 쓰다 보면 그런 자투리 시간들이 모여서 나의 성장과 발전의 시간으로 나아가게 될 것이다. 그리고 그런 시간들이 점차 쌓이면 나의 미래가 될 수 있다는 것이다. 그런 삶을 살아갈 수 있는 것에 감사하며 새로운 나날을 보낼 수 있는 것에도 감사할 수 있는 마음을 가질 수 있기 때문이다. 인생을 늘 풍요롭고 아름답게 보내는 것에 많은 시간과 에너지를 쏟아내는 것이다.

그 얼마나 아름다운가?

인생을 살아가면서 늘 좋은 일만 있으면 좋겠지만, 인생의 굴곡을 얼마나 잘 이겨내고 선택 하느냐에 달라진다고 할 수 있다. 행복은 늘 눈앞에 가까이 있지만, 그것을 찾기 위해 너무 먼 곳을 바라보면서 찾다 보면 우리는 늘 일상 속에서 찾을 수 있는 행복을 눈앞에서 놓치는 것이다. 항상 감사함을 주변에서 찾아야 한다. 그렇기에 우리는 감사를 사소한 것부터 하나씩 찾아보자. 그러다보면 인생이 더욱 풍요롭고 다채롭게 느껴질 것이다.

아름다운 것과 감사한 것을 찾아서 우리는 하나씩 하나씩 우리 마음속 상자 속에 넣어보자. 인생 제2막이 새로 열린다고 할 수 있으며, 그렇게 새로운 나날이 모여서 좋은 세상과 보석 같은 나를 찾을 수 있을 것이다.

나만의 다채로운 색을 찾아서 가는 하나의 과정이라고 생각한다. 우리는 늘 쳇바퀴 도는 하루를 살아간다고 생각하지 말자. 일을 할 수 있음에 감사하며, 꿈을 찾아갈 수 있음에 감사하며, 나를 찾아가는 이 소중한 시간들을 아끼지 말고 정말 알차고 아름답게 써 내려가야 하는 시간이라고 생각하자. 그렇게 모든 일이 순조롭게 진행이 될 것이다. 사소한 일상 안에서 찾은 행복은 보물이다. 그 보물을 하나씩 찾을 때마다 내 마음 속에 담아두자. 언제든 꺼내볼 수 있게 그 보물들이 하나씩 모여서 나의 퍼즐을 하나씩 맞춰 간다고 생각하면서 인생을 매일매일 하루하루 즐기다 보면 얼마나 멋지고 아름답고 재미있는 인생일까? 그렇게 나를 하나씩 담아가는 과정이라고 생각하며, 인생을 하나의 놀이터라고 생각하면 된다. 한 번뿐인 인생 늘 즐기고 사랑하며 살아가면 되는 것이다. 얼마나 멋진 인생이 만들어지겠는가??

내가 늘 가슴에 새기고 살아가는 좌우명이 하나 있다.

"생각은 크게 하고 실천은 작은 것부터 하십시오. 왜냐하면, 작은 생활의 변화에서 큰일을 해 낼 수 있는 인연이 만들어지기 때문입니다."
– 혜민 스님, 『멈추면, 비로소 보이는 것들』

혜민 스님의 책에 있던 문장이 너무 내 가슴에 와닿았다.

나는 사소한 것에 감동을 잘 받고 성격이 예민한 탓에 주변 환경에 많이 영향을 받지만, 이제는 그런 영향에 벗어나서 나만의 타협점을 찾아갔다. 길이 항상 순탄치만은 않겠지만, 그래도 순탄한 길을 가고 있다고 믿어 의심치 않고 있다. 어려움 속에 발견한 행복을 찾다 보면 행복조각들이 모여서 행복의 크기도 어마어마하게 커지리라 믿는다.

그렇게 행복 조각들이 모여서 정말 나의 작은 거 하나에도 큰 행복을 느낄 것이라고 생각하며, 그렇게 하나의 인생이 만들어진다고 생각한다. 그대는 어떤 일생을 보내고 싶은가? 인생은 자신이 이루고 싶은 것에 넓고 풍요로운 것들로 자신을 채울 수 있기 때문이다. 그런 삶이 주는 것이 나에게 엄청난 많은 좋은 것들을 가져다 줄 것이다. 그럴수록 나는 더욱 성장하면서 모든 것에 감사하는 마음이 생길 것이니 말이다. 그러니 인생을 크게 가져라. 왜냐하면 각자의 인생과 방향이 다 있기 때문이다.

4

나의 하루는 보물이다

—

매일 하루하루가 소중하며, 그 작은 시간을 하나씩 하나씩 모여서 나의 미래와 점점 가까워진다고 생각한다. 누구에게는 없을 수 있던 하루이기에 더 더욱 소중하다. 모두 제자리인 거 같고, 변화하는 게 없다고 생각하지만, 조금씩 내가 나의 미래를 그려가면서 하루를 보내다 보면, 내 안의 거인이 있다. 생각하면서 성공한 미래를 꿈꾸면서 작은 변화를 하나하나가 쌓여서 커다란 거인이 된다고 생각한다.

1분 1초라는 시간들이 모여서 나에게 영향력을 준다고 할 수 있다. 나는 성공한 분들은 모두 책 읽기를 게을리하지 않았으며, 늘 책 읽기를 꾸준히 하면서 자신의 삶을 찾아갔다고 할 수 있다. 책 읽기 또한 나 자신을 찾아가는 하나의 과정이다. 이렇게 빠르게 지나가는 시간 속에서 나는 얼마나 성장을 할까? 인생이 정말 스펙터클하게 변화할 수 있는 것은 내가 좋아하는 일, 사랑하는 일을 하면서 인생을 펼쳐 가는 것이다.

나도 늘 동경에 대상과 꿈꾸는 대상을 보면서 인생을 즐기고, 동경 대상을 보면서 목표를 잡고, 꿈에 더 한 발짝 다가갔다. 하루에 새로운 일도 있지만, 즐거웠던 현재에 집중하면서 나의 인생이 정말로 다양하게 펼쳐지고 있다. 나는 나의 목표를 잡고선 나의 인생이 어떻게 펼쳐질지 정말로 궁금하다. 나만의 인생을 즐겁고 재미있고, 행복하게 우리 가족과 함께 펼치며 지내고 싶다.

모든 일에 있어서 편안한 내 삶과 가족 함께 즐기는 삶을 지내는 게 얼마나 행복한 인생일까?

생각만 해도 가슴 벅찬 하루가 펼쳐질 듯싶다. 모든 것이 내 뜻대로 흘러가기는 쉽지 않겠지만, 인생이란 뭐든 즐기면서 살아가야 하는 게 아닐까? 모두가 자신만의 즐거운 한편에 멋진 스케치를 그리고 싶다. 그것 또한 이루어질 것이라고 생각하고 있고, 뭐든 내 인생을 즐기고, 행복하고, 재미있고, 베풀면서 살아가자. 조금씩 그런 시간들이 쌓여서 나의 하루하루가 멋지고 색다르게 느껴지기 때문이며, 어떤 일이든 해낼 수 있는 자신감이 쌓이기 때문이다. 나는 그런 멋진 하루를 보내고 있고, 늘 나의 하루를 소중히 하자. 조금은 힘들 때도 있지만, 그런 하루를 소중히 여길 수 있는 내가 될 수 있기 때문이다. 나는 항상 목표를 가지고선 늘 내가 할 수 있다고 생각하는 것들이 모여서 점점 더 큰 나로 성장할 수 있는 시간들이 만들어지고 있다고 생각하기 때문이다. 작은 일상에서 일어나는 것에 감사하며 나는 그래서 하루를 허투루 쓰지 않고 낭비하지 않으며 알차게 하루를 쓰는 것만 해도 뜻깊다.

자신의 하루를 소중히 여기기는 방법 중 항상 자신의 미래를 미리 그려놓고선 그 꿈을 위해서 하나씩 하나씩 이뤄가는 것이다. 그럴수록 나의 하루가 얼마나 소중하고 아름답게 빛나지 않을까?

나는 그런 하루를 위해서 늘 항상 미래를 생각하면서 나의 하루를 하나씩 밟아가고 있다.

그런 하루가 얼마나 소중한가? 멋진 미래가 펼쳐진다고 생각하면 정말 하루가 기대될 것이다. 그런 하루를 보면서 즐기고 나의 행복을 위해서 하나의 과정을 밟아가고 있는 중이라고 생각하면 된다. 나는 인생을 즐기기 위해서 이 세상에 왔다고 생각하며, 나의 그 꿈들이 하나씩 펼쳐지고 있다고 생각한다. 그럴 때마다 얼마나 나의 하루를 즐겁고 행복하게 보낼 것인가? 나의 하루를 보낼 수 있는 것에 감사하며 모든 일을 차근차근 밟아가면서 나의 하루가 얼마나 소중한 시간인지 깨달아가는 중이며, 늘 그런 시간들이 너무나 소중할 뿐이다.

나의 가족과 함께 보내는 시간, 우리 아이들과 함께하는 시간들이 얼마나 소중한지 모른다. 나의 가족과 함께 보내는 시간이 소중한 이유는 나는 어린 시절 가족과 함께 보낸 시간이 없기 때문이다, 가족과 여행을 간 적도 없으며, 어린이날을 맞이해서 소풍을 가거나, 여행을 가거나, 가족과 함께 보낸 시간이 없기 때문이었다. 그래서인지 아이들과 어디를 놀러가거나, 함께 여행을 가는 것이 정말 즐겁고 행복했던 시간이었다. 그런 생활을 하나씩 내가 이뤄가면서 나의 꿈에도 한 발짝씩 다가가고 있었다. 항상 자신의 현재를 더욱 발전하는 모습 생각하면서 자신을 알아가는 것이 중요하다. 그전에는 내가 어떤 삶을 살아왔고, 어떤 게 나에게 맞는 인생인지 모르고 지내고 있었지만, 그런 삶이 하나씩 이루어지고 있는 느낌을 책 쓰기를 통해서 알게 해준 권동희 대표님과 김태광 대표님께 정말 감사드린다.

나의 꿈을 이렇게 이루게 해준 〈한국책쓰기1인창업코칭협회(이하 한책협)〉을 알게 되어서 너무 영광이고, 감사한 마음이다. 이런 꿈을 이루게 해준 것도 나의 하루가 있었기 때문이라고 생각하며, 내가 건강하게 태어났기 때문에 하루하루를 아프지 않고 보낼 수 있어서 감사하다. 이런 소중한 시간이 하나씩 하나씩 모여서 더 큰 자신으로 성장되어 있을 모습이 기대가 되며 멋진 인생을 이룰 수 있는 하루를 보낼 수 있는 것에 매일 매일이 기대가 되지 않을까?

나는 매일매일 나의 삶을 재미로 가득 채워가는 것이 너무나 뿌듯한 일이라고 생각하며, 나의 직장을 다니는 일에 대해서도 너무 재미있고, 항상 감사하는 마음으로 살아가는 것도 큰 행복을 주는 것 중에 하나라고 생각한다. 나는 언제나 소중한 나의 하루가 있기에 우리 가족과도 늘 행복한 일상과 즐길 수 있다고 생각한다. 자신이 어떤 삶을 살아갈지 선택하며, 무슨 일이든 좋은 방향으로 나아지고 있다고 생각한다. 하루하루를 소중히 생각하며 자신의 꿈에서 한 발짝 한 발짝 나아가는 것이 중요하다고 생각한다. 사람들이 생각하는 관점이 다르기 때문에 다들 자기 마음속에 품고 있는 비전이 있다고 생각한다. 성공한 사람들은 그 꿈을 위해서 엄청난 피나는 노력을 한다고 한다.

자기의 꿈을 펼치기 위해서 고통과 인내 그리고 피나는 노력 끝에서 그 꿈을 이룬다. 자기가 원하는 삶을 위해서 라면 어떤 고통이라도 참고선 그 꿈에 더 한 발짝씩 다가간다고 생각하면 된다. 나는 언제나 나의 성공을 무의식적으로 마음에 품고서 나는 살아왔다. 삶이 주는 것에 감사하면서 말이다. 하지만 나 또한 내가 이 길이 맞는 건가 생각하기도 한다. 내가 잘 하고 있는 건지 어떤 삶이 나에게 맞는 건지 방황하기도 했으며, 걱정도 많이 했다. 나는 그래서 항상 나의 어렸을 때 불우했던 나의 가정생활에서 돈으로 힘들었던 삶에서 벗어나고 싶다고 생각했으며, 공부도 못했기 때문에 일찍이 돈을 빨리 벌어야겠다고 생각했다. 그리고 그렇게 돈을 벌어서 나의 인생이 바뀌기를 바라며 나는 나의 이름도 가족의 화목을 바라는 마음으로 이름을 바꾸었다.

나도 잘못을 잘 인정하지 못하는 편이었지만 지금까지 이렇게 자라오면서 내가 너무 어리석다고 생각이 들었으며, 그 잘못에서 벗어나서 이제는 나의 꿈을 위해서 더 도전하고 노력하고 발전하는 모습을 가지고 지금은 살아가고 있다.

삶을 나날이 펼쳐가다 보면 내가 원하는 방향을 따라서 나를 기다리고 있다는 것을 알기에 얼마나 행복한 일들이 펼쳐질지 너무나 기대되고 행복하며, 나의 행복한 삶이 언제나 매일매일 시작되고 있다고 생각한다. 소중한 하루가 쌓여서 큰 자신이 되어 간다고 생각하자 좋은 일들이 행복한 일상이 펼쳐지고 있으며, 나의 행복한 하루가 얼마나 소중한지 모르겠다.

그 꿈을 위해서 자신이 원하고 바라는 것을 하나씩 배워가고 쌓아가고 늘 좋은 일이 하나둘씩 쌓여 나에게 좋은 일들이 동시다발적으로 몰려오고 있다고 생각하며 큰 거인이 깨어나고 있다고 생각한다.

이 하루가 얼마나 소중한가? 그렇게 생각하니 정말 너무나 멋지게 펼쳐질 하루가 정말로 기대되면서 뿌듯하고 늘 즐거운 생각이 들 뿐이다. 그런 하루하루를 보낼 때마다 얼마나 인생이 감사하며 다채로운 일들을 해낼 수 있는 것이 기대되지 않는가?

누구나 매일 똑같이 주어지는 이 시간이 얼마나 소중한지 모른다. 자신도 얼마나 위대한 자신으로 클 모습이 기대가 될 것이다. 그대 안에는 어떤 거인이 있을지 기대되지 않겠는가? 그래서 매일매일 주어지는 이 하루가 너무나 소중하고 기대되며, 행복할 뿐이다.

이 또한 선한 영향력을 펼치면서 모든 일이 더 잘 풀릴 것이다. 그렇게 소중한 하루하루를 어떻게 허투루 쓸 수 있겠는가?

나의 하루를 그만큼 나는 소중하다고 생각하며, 모든 일에 있어서 더욱 발전적인 일에 나의 하루를 펼쳐 나가는 것이 중요하다. 그만큼 이 세상에 태어나서 똑같이 공평하게 주어진 것이 시간이라고 생각한다. 그렇기 때문에 나는 주어진 시간을 정말로 아끼고 아껴서 자신에게 발전적인 삶에 꼭 써야 한다고 생각한다. 그런 시간들이 모여서 자신의 발전 성장에 도움이 되기 때문이다. 그런 삶이 있기에 인생이 얼마나 즐겁지 않은가? 그대의 꿈이 이뤄지는 하루하루를 소중히 여겨라.

5

가까운 곳에서 위로를 받는다

–

    우리는 행복을 너무 멀리서 찾는 건 아닌가? 왜 그렇게까지 멀리서 찾는지 모르겠다. 이것도 하루의 행복에서 점점 멀어진다고 할 수 있다. 나는 정말로 나의 대해서 몰랐고 항상 누군가와 비교하고 남에게 잘 보이고 싶어 했다. 그래서 늘 불평불만을 많이 했었고, 아이들과도 늘 과거에 사로잡혀서 내 생각만 했었다. 내 안에서 불평불만을 하니 당연히 일에 있어서도 순탄하지 않고 일이 꼬이거나 집에서도 큰 소리가 자주 나지 않았을까? 늘 감사할 줄 몰랐으며, 모든 일에 있어서 항상 꼬이는 부분이 많았다. 얼마나 슬픈 일인가? 과거 내 안에 살던 아이가 있었던 거 같다.

어렸을 적 상처 받았던 나의 안에 있던 아이가 늘 얼마나 나를 알아봐 주기를 기다려주기를 바랐는지도 모르겠다. 그런 아이가 불쑥 튀어 나와서 나에게 나를 알아봐 달라고 말한 것 같다. 그러니 인생에서 늘 큰 소리가 났으며, 일에 있어서도 능률이 올라가지 않았다. 그렇게 인생을 즐기지 못하니 인생을 늘 아무렇게나 생각하고 아무렇게나 늘 좋지 못했던 기억에만 집중했으며, 부정적인 상황을 더 끌어들인다고 생각한다. 부정적인 생각과 안 좋은 생각에 빠져들지 말고, 허우적거리지 말라 그럴수록 나에게는 정말로 악영향을 준다고 생각하면 된다.

그렇게 나 자신에 대해서 하나하나 알아갈수록 나의 행복은 멀리 있지 않다는 걸 알게 되었다. 항상 바로 앞에 있는 행복을 놓치고 살아가고 있지 않은지 말이다. 그 얼마나 불행한 인생인가? 나는 그런 인생을 살아왔지만, 지금은 나의 행복을 놓치지 않고 살아가려고 노력하고 있고 현재진행형이다. 삶에 큰 패턴을 바꾸는 것은 쉽지 않다고 생각한다. 그런 삶을 살아가는 것이 얼마나 어려운 것인지 알기 때문이다. 안정적인 삶을 살아가는 것 또한 너무 행복한 삶이고 행복한 인생이다. 행복을 언제나 늘 우리 앞에서 있지만, 늘 놓치지 살아가고 있지는 않은지 늘 되돌아본다.

자신의 꿈에 한 발짝 한 발짝 다가가기 위한 하나의 절차를 밟아가고 있다고 생각하면 된다. 나는 늘 감사하기를 통해서 꿈에 조금씩 다가갔다. 나의 가진 것에 감사하는 마음이 얼마나 위대한 힘을 가지고 있는지 모르겠다. 힘든 일이 있을 때 내가 가지고 있는 것에 감사할 때 살아갈 힘을 얻고, 행복을 얻고, 또한 나의 발전에 대한 무궁무진함을 찾을 수 있기 때문이다.

그렇기 때문에 매일매일 감사하기를 놓치지 않고서 계속해서 해왔다. 그랬더니 정말 작은 거 하나에도 감사함을 느끼며 나의 하루가 더욱 풍족하고 풍요롭게 느껴졌다. 행복은 늘 가까이 있으며, 조금 더 발전적인 삶을 더 살기 위해서 나의 가지고 있음에 풍족함을 느낄 때에 조금 더 일에 있을 때에도 잘 풀려나가는 기분이다. 좋은 인연을 통해서 모든 일이 술술 풀린다고 할 수 있다. 앞에 있는 행복을 하나씩 하나씩 주워 나갈 때마다 나에게 맞는 행복이 하나씩 하나씩 점점 더 가까이 다가오는 것이다.

인생을 재미있게 행복하게 즐겁게 살다가는 것이 인생이 아닐까?

행복은 멀리 있는 게 아니라 늘 우리 앞에 선물처럼 1초 대기선물처럼 기다리고 있다. 행복은 늘 가까이 있으니 멀리서 찾지 말자. 솔직히 나도 부러운 것은 많다. 정말 사람들 모두에겐 배울 점이 많지만. 그 많은 장점과 나의 장점을 잘 보고 배우고 시너지를 얻어가는 것도 너무 좋다고 생각한다. 모두에겐 나만의 장점과 특기가 있기 때문이다. 배울 점은 배우되 항상 겸손한 자세로 나 또한 틀릴 수 있다는 마음가짐으로 항상 배우자.

항상 그 목표를 향해 계속 발전하다 보면 그 꿈이 나에게 선물처럼 어느 순간 다가온다고 생각한다. 그러니 남에게 선행을 베풀면서 살아가는 것이 얼마나 뜻깊은 일인지 모른다.

주변 사람들에게 선한 영향력을 나눠 주는 것 또한 너무 행복한 일이다. 어렸을 적 엄마가 몸이 좋지 않아서 외할머니 외숙모 손에 컸으며, 집안이 어려워서 일찍이 돈을 벌어서 자수성가의 꿈을 늘 마음속에 품고 있었다. 그래서인지 힘들게 컸던 만큼 주변 사람들이 어렵거나 힘든 모습을 보면 항상 마음이 신경이 쓰이고 도와주고 싶은 마음이 늘 있었다.

하지만 도와주는 것도 필요로 할 때 도와주는 것이 좋고 상대방에게 좋은 방향인 듯싶다. 나는 언제나 조금 더 발전해가는 모습을 마음에 품고 있으며, 그 꿈을 위해서 도전적인 정신으로 살았다. 자신의 꿈이 어디까지 펼쳐질지 기대하고 살아가는 하루하루가 얼마나 즐거운지 모를 것이다.

항상 좋은 일만 있는 건 아니지만, 그 아픔을 딛고 일어선 만큼 나의 그릇도 커지고 나의 마음도 커지고, 나에게 좀 더 큰 영향력을 가질 수 있는 한계를 하나씩 깨뜨린다고 생각한다. 자신의 한계를 벗어 던질 때마다 자신의 꿈의 크기도 커지는 거라고 생각하며, 나는 행복을 찾기 위해선 하루하루 감사하며, 꿈을 놓치지 않고 발전하는 삶으로 나아가는 것이라고 생각하며, 항상 행복은 가까이 있으며 멀리서 찾을 필요가 없다고 생각한다. 꿈을 향해 나아가는 좀 더 발전적인 자신의 모습이 궁금하지 않은가? 그러면서 행복을 찾아가는 것이다.

나는 꿈을 위해 노력하고 있으며 매 순간이 나의 앞에 있는 행복을 찾아가는 과정이라고 생각한다. 항상 나의 앞에 있는 행복을 가까이서 찾다 보니 나의 꿈도 한 발짝 다가와 있었다. 항상 좋은 일만은 있지는 않지만, 그래도 감사한 일은 있으며, 늘 자신에게 좀 더 마음을 내서 자신을 더 사랑하고, 생각하고, 존중하고, 자신에게 친절하고 마음을 더 내어 주며 보듬어 주어야 한다. 항상 자신 우선이 되어야 한다고 생각하며, 좋은 영향력을 마음에 품고선 모든 일을 발전되는 방향으로 생각할 때 모든 일이 잘 해결되고 좋은 방향으로 풀려간다.

나는 모든 일이 작은 것이든 최선을 다해야 한다고 생각한다. 작은 것 하나하나 소중하기 때문이다. 그래야 나의 인생이 늘 활기가 넘치고 즐겁고 재미있고 행복하기 때문이다. 모든 일이 나에게 주어진 것에는 이유가 있다고 생각하면서 행복한 삶을 살아가는 것이 얼마나 멋진 일인지 모르겠다. 그 이유는 항상 자신이 찾아야 한다. 삶의 방향은 오로지 자신이 알 수 있기 때문이다. 그 방향을 잡고선 가다 보면 나에게 조금 더 멋진 인생이 펼쳐질 것이다. 그 방향을 잡고선 항상 올바른 방향으로 찾아가는 것이다. 자신에게 올바른 방향은 바로 자신의 행복을 찾는 것이다. 그 행복이 위대하고 멋진 삶이 펼쳐지는 하나의 방향을 잡아주는 지표라고 생각한다.

삶의 목표를 절대로 놓치지 않고선 찾아가다 보니 어느새 목표가 점점 더 나에게 다가와 있으며, 나의 마음 또한 담대해지고 성장해 가고 있을 것이다. 나는 어떤 삶을 살든 자신의 행복은 따로 있다고 생각한다. 가까운 행복을 찾아가면서 나의 발전을 찾아가는 것이 너무 행복한 삶이다. 그대를 위해서 나는 늘 행복하기를 바랄 뿐이다. 그리고 분명히 행복할 것이다. 삶에 너무 힘든 일만 있으면 얼마나 우울하고 불행한 삶일까? 그런 삶은 살고 싶지 않고 꿈꾸고 싶지도 않다. 늘 자신의 행복을 가까이서 찾고 발전하고 성장하면 즐겁고 행복한 삶이 아닐까?

그런 행복이 얼마나 멋진 삶일까? 나는 불우했고 어려웠던 시절이 지나서 항상 그래도 아빠 엄마에 대한 감사함을 가슴에 품고 있다. 나에게는 그래도 든든한 울타리라고 생각했기 때문이다. 나에게는 언제나 아빠와 엄마가 삶을 살아가는 데 큰 힘이 되었기 때문이다.

그것이 삶에 대한 원동력이라고 할 수 있으며, 내가 원하는 꿈이 있으면 그 꿈을 향해서 도전하고 내가 이룰 수 있는 모습만을 생각하며, 꿈을 목표로 나에게 어떤 힘듦이 오더라도 그것만을 목표로 삼고 목표를 향해서 도전해야 한다고 생각한다. 그리고 작은 것에도 감사하는 마음을 잊지 않는다. 항상 내가 의지할 수 있는 멘토가 있는 것만으로도 큰 위안이 되면서 마음에도 안정감이 든다. 나의 인생에 멘토가 있다는 것만 해도 든든한 사람이 나를 도와주고 있다는 생각에, 어떤 힘든 일이 있더라도 해결할 수 있는 방법이 저절로 떠오르고 어떤 일이든 해낼 수 있다는 자신감이 더욱 커지며, 삶에 대한 큰 위로를 받는다.

자신 원하는 목표만 생각하면서 더 나은 방향으로 선택을 해야 한다. 내가 이루고 싶은 모습의 멘토를 찾아서 그 삶을 천천히 닮아 가는 것 또한 매일매일 행복으로 채워 가는 것이라고 할 수 있다. 그것이 삶을 풍요롭게 만들어 주는 것이다. 삶에 있어서 풍요롭고 아름답게 살아가는 것은 누구나 꿈꾸며, 그 꿈을 이룰 수 있다고 할 수 있고, 뭐든 나에게 있어서 원하는 방향으로 움직이고 있고, 자신이 이루고 싶은 꿈이 있다면 이루어진다고 생각하면서 하루를 늘 뜻깊고 감사하는 마음으로 받아들이면 된다.

어떤 상황이든 내가 건강함에 감사하고 우리 가족이 건강함에 감사하는 마음은 절대로 잊지 말자. 나에게 삶이 주는 것에 감사하는 마음으로 받아들여보자. 어떤 인생이 술술 풀린다고 하더라도 절대 부러워하지 말자. 삶이 힘들어서 인생에 어려움이 있더라도 꿈을 절대로 잊지 말자. 꿈이 이루어진다고 생각하면 된다는 생각으로 살다 보면 인생은 더욱 자연스럽게 편안한 방향으로 나아진다는 마음가짐이 살아가자. 그대에게 어떤 아름다운 삶이 펼쳐질지 기대되지 않는가?

PART 2

과거에 얽매여 살지 말자

1

과거의 기억에서 벗어나보자

—

기억을 찾아서 과거로 돌아갈수록 나의 안에 있는 상처 가득한 인형이 있다고 생각하자. 인생을 살다 보면 좋은 날이 많으면 좋겠지만, 가정환경과 자라온 양육방식에 따라서 자신이 커 가는 모습이 결정이 된다고 생각하면 된다. 나도 어렸을 때 엄한 환경 때문에 많이 힘이 들었으며, 가정환경이 넉넉하지 못하여 늘 궁핍한 생활을 했고, 다른 보통 가정과는 다른 환경에서 자라왔으며, 행복했던 기억은 그렇게 많지 않았다. 늘 무서운 아빠와 아픈 엄마의 모습을 보고 자랐고, 늘 먹는 것이 부족했던 기억이 있고, 남매간의 다툼도 많았지만, 서로 의지도 많이 했던 부분도 있다.

과거에 대한 기억이 정말 좋지 않은 사람에게 꼭 내가 해주고 싶은 말은 그 기억은 어차피 지나간 시간이며, 그 지나간 시간을 붙잡아 둔다고 하여 전혀 변하는 게 없다는 것이다. 나에게 시간은 매우 소중하며, 그 시간들이 모여서 나의 미래가 된다고 생각하면 된다. 나는 항상 미래의 나의 모습을 그린다. 내가 원하는 나의 미래의 모습만을 그리면서 살다 보면 어느새 멋진 내가 되어 있을 것이다. 그 모습이 기대되지 않는가? 모든 일이 순조롭기만 하면 좋겠지만, 인생에 힘든 부분은 분명히 있다. 그 힘든 것을 어떻게 헤쳐 나가느냐에 따라서 인생이 달라진다.

인생이 모두 자신의 뜻대로 되지 않는다는 생각이 든다. 자신이 생각한 대로 인생이 풀리면 얼마나 좋겠는가? 그런 삶을 나도 살아가고 싶지만, 힘들고 어려운 부분을 헤쳐 나가는 것 또한 대단하다고 생각한다. 과거의 나의 모습이 어떠한가에 초점을 맞추지 말자. 그것은 나의 미래에 전혀 도움이 안 된다고 생각하면 된다. 소중한 그대의 시간에 해를 끼치는 악성종양과 매일매일 사투를 하는 것이라고 생각한다.

자신의 소중한 시간을 그런 나쁜 과거와는 더 이상 싸움을 하지 않기를 권한다. 인생에 좋은 날도 있고 나쁜 날도 있다. 나 또한 그랬다. 자신이 바라는 모습을 그리면서 매일매일 행복하게 보내는 것이 얼마나 감사한 일인지 모르겠다. 내가 어떤 마음으로 어려움을 헤쳐 나가야 하느냐에 따라서 인생이 크게 달라진다. 선한 마음과 선한 영향력을 펼쳐 낸다는 마음으로 인생을 만들어 가다 보면 인생이 더욱 멋지고 더욱 큰 내가되어 있을 것이다. 아주 아픈 과거를 안고 있다고 하더라도 더 이상 과거에는 얽매여 있지 마라. 그대가 항상 즐겁고 행복한 인생을 살기를 바라고 나 또한 그러한 삶을 살아가고 있다.

각자 자신의 가치관이 있다고 생각하며 존중하자. 자신의 신념을 가지고 인생을 자신 있게 살아가면 된다. 그 인생이 참으로 순탄하지 않더라도 뿌듯한 신념을 가지고선 인생을 즐기다 보면 자신의 길을 완성할 수 있을 것이다.

자신의 진정한 모습이 어떨지, 어떤 삶을 살지 기대되지 않는가?

인생의 큰 터닝 포인트에서 힘든 아픔이 찾아올지 모르지만, 그 아픔을 딛고 자신만의 속도와 방향을 맞춰 나아가야 한다. 자신의 신념을 지키고 자신을 사랑하면서 자신에 대한 자신감을 절대로 놓치지 말자. 그 인생을 버리기는 너무 아깝지 않은가? 그대는 그대 자체로만으로 소중하고 아름다운 존재이기 때문이다. 그대는 어떤 꿈을 가지고 살아가는가? 그대가 바라는 나의 모습은 누가 정해주는 것이 아니고 바로 나 자신이 정하는 것이다.

누가 뭐라고 하든 내가 용기를 가지고 선한 행동으로 인생을 살아가다 보면 인생은 완성되어 있다고 믿는다. 그대의 인생이 어떤 인생으로 진행될지 궁금하지 않은가? 자신의 인생에서 항상 좋고 나쁨을 따지지 말아야 한다.

좋고 나쁨을 벗어나서 인생을 즐기고 살다 보면 나만의 행복을 찾을 수 있다고 생각한다. 각자마다 생각하는 행복이 다르기 때문에 남과 자신을 절대로 비교하지 말라. 그대가 어떤 꿈을 가지고 어떤 삶을 살아가든 늘 행복할 것이다. 사람마다 가치관이 다르기 때문에 목표와 인생이 다르다. 그대는 더 풍족하고 풍요로운 인생을 살기 위해 태어났기 때문이다.

그대의 삶을 더 아름다운 삶을 만들어가고 싶지 않은가?

모두 즐겁고 행복한 인생을 살아가야 한다고 생각한다. 아름다운 인생은 자신이 정한 포커스에 맞춰서 살아가는 것이다. 누구를 위한, 남을 위한 삶이 아닌 자신의 인생을 살아가는 것이다. 그대의 삶을 아름답게 만들어주는 인연을 소중하게 생각하고, 늘 감사하는 마음으로 살아가야 한다고 생각한다. 이 감사하는 마음이야말로 정말로 아름다운 마음이며, 감사야말로 풍요로움과 아름다움을 가져다준다고 생각한다. 인생을 더 풍요롭고 색다르게 만들어 가는 것도 바로 나 자신이다. 만약 풍파에 부딪쳐서 인생이 너무 험하고 어렵다면 좋은 것만 보고 좋은 노래와 좋은 장소에 가고 자신의 마음을 다 잡아야 한다.

　좋은 인생을 살다 보면 좋은 날이 오는 것이다. 소중하고 아름다운 존재라고 생각하면서 살아야 한다. 그대를 위한 인생은 늘 항상 옆에 늘 바로 앞에 있기 때문이다. 자신을 늘 아껴주고 행복해야 주변 또한 같이 행복이 넘실거리며 넘어간다.

　인생을 즐기고 앞으로 나아가자. 앞으로 계속 나아갈 때마다 장애물이 있다고 생각할지라도 그 장애물에 넘어져서 그대로 절대로 주저앉아 있지 마라. 그대 인생이 그런 장애물로 인해 하찮게 넘어질 일이 아니기 때문이다. 그대 삶을 찾아서 인생을 즐기고 살다 보면 인생이 멋지게 펼쳐질 것이라고 생각한다. 나는 자신만의 생각을 가지고 인생을 즐겨야 하며, 그 인생을 만들어가는 것 또한 자신이다.

인생이 얼마나 멋지게 완성될지 자신에게 달렸다. 늘 행복한 길로 가다 보면 멋진 인생이 펼쳐져 있을 것이다. 삶이 주는 작은 것 하나하나에 감사한 마음을 놓치지 말자. 감사한 마음이야말로 기적을 부른다고 생각한다. 나는 정말 힘든 일이 있을 때 감사한 우리 가족을 생각했다. 우리 가족을 보면서 힘을 냈고, 그런 가족이 있어서 너무 즐거웠기 때문이다. 어렸을 때 힘든 가정 속에 있었기에 결혼해서 이룬 나의 가족이 너무 소중하다. 나는 인생에서 행복을 누릴 자격이 충분히 있으며 더 아름다운 인생에 한 페이지를 만들어 간다고 생각한다. 나는 인생에서 나의 신념을 지키면서 살아가야 한다고 생각한다. 그대를 위한 인생에서 장애물로 인해 절대로 넘어지지 말라. 그대를 위한 아름다운 인생을 놓치지 말자. 어디로 갈지 나의 나침반을 믿고선 찾아가자. 누구의 인생을 책임지기 전에 나의 인생은 내가 책임을 져야 한다. 내 인생을 막을 수 있는 사람은 없다. 어떤 나침반을 가지고 가느냐에 따라 그대의 인생은 더 아름답고 풍요롭게 보낼 수 있다. 즐겁고 행복한 인생을 즐겨야 한다.

자신의 인생을 아름답고 풍요로운 삶을 이루고 싶은가?

언제나 자신 안에 답이 있다. 그 답을 찾아주는 것은 바로 나 자신이다. 하지만 진정한 꿈을 쉽게 찾아가는 방법 중에 성공한 분을 만나는 것도 중요하다. 인생이 내 맘대로 되지 않을 때나 너무 힘들 때도 많지만, 그것을 잘 지나가보면 즐겁고 행복한 인생이 펼쳐질 것이다. 하나하나 소중한 것을 잊지 말아야 한다. 절대로 나의 직감을 놓치지 말아야 한다. 직감은 내가 나에게 보내는 신호이기 때문에 그 직감을 놓치면 안 되는 것이다. 그대가 조금은 힘들지라도 인생은 순탄치 못하더라도, 늘 행복한 감정을 느낌을 잘 가지고 있어야 한다.

늘 감사한 마음을 잊지 말자. 감사야말로 어떤 마법보다도 아름다운 주문이기 때문이다. 감사한 마음을 늘 품고선 행복한 느낌과 감정을 가지고 살아가야만 즐겁고 행복한 인생이 될 것이다. 욕심을 가지고선 남에게 해를 끼치는 것이 아니라 남도 멋진 인생을 살아갈 수 있도록 선물을 줘야 한다고 생각한다. 우리는 행복하고 즐겁게 살아가기 위해서 태어났기 때문이다. 남의 인생을 책임을 줄 수는 없지만 도움은 줄 수 있다고 생각한다. 삶이 주는 선물 같은 하루하루를 놓치지 마라.

2

나만의 힐링타임을 찾자

—

놓쳐서는 안 되는 힐링타임을 찾아가자. 즐겁고 행복한 인생을 더 아름답게 꾸며주는 것이다. 즐거운 인생에서 나만의 힐링타임이 어떤 것인지 잘 알아가는 것은 중요하다. 그것을 인생에서 누리고 살다 보면 멋진 인생이 펼쳐질 것이다.

즐겁고 행복하게 일을 하거나, 행복한 취미생활을 하거나, 즐거운 영화를 보거나 노래를 들으며 즐기다 보면 인생은 더 아름답게 펼쳐질 것이다. 인생을 즐겁게 보내는 것이야말로 발전적인 삶을 사는 것이 아닐까? 멋진 인생을 살아가기 위해서는 나를 주체로 삼고 행복한 삶을 목표로 살아야 한다. 뜻깊은 인생의 답을 찾아서 하루하루 보람 있게 살아가는 것이 중요하며, 그러다 보면 인생이 얼마나 소중한 것인지 깨닫게 될 것이다. 늘 좋은 일이 가득한 하루하루를 보내면 얼마나 즐거운가?

내 마음이 풍요롭게 즐거워야 인생이 행복하고 아름답게 변한다. 나는 늘 매일매일 행복하고 알차게 보내는 인생을 꿈꾸며 삶을 펼쳐 내고 있다. 삶이 주는 행복을 찾아서 늘 매일매일 즐겁다. 행복 찾기란 매일을 행복을 찾는 것이 아닐까? 그 인생의 답을 찾아서 서로를 아껴주고 사랑하며 행복한 하루를 보내다 보면 인생이 얼마나 즐거울까?

나는 나의 인생이 얼마나 멋지고 아름다운지 모르겠다. 인생에 답은 없다. 내가 꿈꾸고 원하는 모습을 늘 마음속에 그리고 기억하고 생각하면 나에겐 좋은 일들만 생긴다. 나만의 길을 찾아서 전진하다 보면 그 길이 언제나 답을 찾아 줄 것이다.

답을 찾겠다고 스트레스 받지 말라. 답을 찾겠다고 스트레스를 받는 것 자체가 인생을 더욱 힘들고 어렵고 고난을 겪게 하는 것이라고 생각하면 된다. 늘 내가 원하는 인생과 아름다운 세상을 만들어 갈 것이라고 믿으며 하루하루를 늘 행복한 모습만 생각하라. 그러면 이룰 것이다. 인생에 답은 늘 나와 함께 있으며 그 미래는 내가 그린 만큼 정해지는 것이다.

그 답을 찾는 것이 인생의 목표고 행복은 늘 함께 있는 것이다.

행복을 멀리서 찾다가 인생이 너무 힘들어지는 것이며, 행복은 항상 내 눈앞에 있다.

그 행복을 절대로 놓치지 말며, 즐겁고 행복한 인생을 찾아서 답을 찾으면 된다.

인생은 그렇게 하루하루 퍼즐을 맞춰 가듯이 가는 것이다. 늘 행복하면 인생은 알아서 즐거운 것이다. 내가 좋아하는 일을 하며 행복한 삶을 그리며 살아가는 것이다. 인생은 늘 행복하고 아름다운 것이며 행복한 삶을 찾아서 행복을 그리며 살자. 행복을 찾아서 멀리서 갈 필요가 없다. 나의 하루하루를 행복으로 하나씩 찾아가다 보면 행복한 인생만이 만들어지는 것이다. 나의 행복은 가족이다. 가족과 함께하는 하루하루가 너무 즐겁고 행복하며, 나의 남편과 나의 딸 셋은 나의 삶의 원동력이고 행복이다. 인생이 나에게 얼마나 아름다운 하루를 보내게 해주는지 모르겠다. 가족과의 불협화음이야말로 인생을 힘들게 하는 것이 아닐까 싶다. 나는 우리 가족이 너무 행복한 삶을 꾸릴 수 있는 것에 감사하며, 열심히 인생을 살아가는 것이다. 인생에서 나의 가족이 첫 번째라고 생각한다. 가족이 떼려야 뗄 수 없는 소중한 나의 가정이기 때문이다. 하지만 인생은 꼭 나와 같지는 않다고 생각한다. 사람들마다 가치관이 다르기 때문이다. 인생에 답은 없다. 내 안에 나만의 답이 있기 때문이다. 각자마다 답을 찾다 보면 인생이 너무 즐겁고 행복 할 것이다.

　나만의 답이 다른 이유는 살아온 환경과 살아온 인생이 다르기 때문이다. 그 답은 시간이 지나다 보면 찾을 수 있는 것이 아닐까? 삶은 나에게 행복을 찾을 수 있는 인생의 답을 주는 것이라고 생각한다. 삶이 주는 답이란 나에게 어떤 인생을 나에게 선물할 것인지 선택하는 것이다. 삶은 나에게 좋은 것들만 주기 위해 있다. 나는 행복하게 사는 것이 취미나 좋은 책, 좋은 영화, 편안하게 쉬어 가는 삶이 아닐까 싶다. 인생은 너무 힘들게 살 필요는 없다고 생각하고, 인생은 행복하고 즐기며 살아가는 것이다.

나 또한 늘 새롭고 행복한 삶을 살아가기를 바라는 마음이며, 늘 좋은 것들만 보고 좋은 일들만 있으며, 행복한 삶을 살기를 바란다. 나 또한 행복한 삶을 위해서 살아가는 것이라고 해도 과언이 아니다. 삶이 주는 행복을 놓치면 살아가는 건 너무 우울하지 않은가?

나 또한 애 셋을 낳고 키우면서 우울증이라는 마음의 병이 찾아와 힘들었던 적이 있기 때문이다. 우울증이 얼마나 힘들고, 아이들에게도 악영향을 주기 때문이다. 특히 그렇기 때문에 나는 제일 행복해야 할 사람으로는 엄마가 아닌가 싶다.

아이를 낳고 키우는 것에 많은 에너지와 돈과 나의 삶을 포기해야 하는 부분이 많기 때문이다. 각자의 위치에서 행복한 삶을 찾아가는 것이 답이 아닐까? 더 풍요롭고 행복한 삶이 있기를 바라는 마음으로 하루하루를 채워나가자. 인생에 답이 있어서 답을 찾기를 바라는가? 내가 진정으로 행복한 걸 찾으면 그게 답이다. 답을 찾아서 살다 보면 인생은 더욱 풍요로워질 것이다. 즐겁고 행복한 삶을 살아보자. 삶이 주는 나의 목표는 거기 안에 있다. 행복하면 돈도 절로 따라 온다고 생각한다.

삶이 더욱 풍요로워지고 삶이 주는 행복을 찾아가기를 바란다. 늘 주

행복도 연습이 필요합니다

는 것에 감사하는 마음을 절대로 잃지 말자. 감사하는 마음만으로 나의 삶에 행복이 저절로 찾아오기 때문이다. 삶이 주는 감사한 마음을 가지고 인생을 즐기다 보면 즐거운 삶이 저절로 따라올 것이다. 나는 늘 그대가 행복하기를 바란다. 나 또한 행복하게 사는 것을 기대하면서 매일매일을 살아가고 있으며, 인생의 답은 늘 나에게 있다. 삶이 나에게 언제나 최상의 좋은 것들만 가져다주며, 인생이 나를 위해서 행복을 절로 찾아오는 것이다. 주는 것이 나의 삶을 더 풍요롭게 해주는 것이라고 생각한다.

나의 인생에 있어서 장애물이 있더라도 그 장애물은 장애물이라고 생각하지 말고 나에게 원동력이 되어주고, 삶의 목표를 더욱 가깝게 다가가게 해주는 것이라고 생각한다. 삶이 너무 힘들고 어렵더라도 인생을 늘 행복한 마음으로 살아가야 한다고 생각하라. 인생이 그대에게 주는 엄청난 행복이 있기 때문이다. 행복한 습관을 평소에 가지는 것이 인생에 있어서 얼마나 풍요로워질까? 행복의 습관을 가지면 저절로 계속적으로 행복은 눈덩이처럼 굴러와 행복이 더더욱 커질 것이다. 행복의 습관이 몸에 배면 저절로 행복이 찾아오는 것이다. 내가 행복해지면 일도 저절로 잘 풀리고 돈도 많이 들어온다. 행복이 가까운 곳에 있기 때문이며 즐겁고 아름다운 인생을 살아가는 것이다. 삶에 주는 목표를 찾아서 인생이 즐기면서 행복하게 하루하루를 보내보자. 인생이 더 풍요롭고 아름다워질 것이다.

즐겁고 아름다운 인생이 찾아서 늘 하루하루를 즐겁게 살아가다 보면 행복이 눈앞에 있을 것이다. 즐겁고 행복한 인생을 늘 내 안에서 찾는 것이 중요하다.

3

나쁜 일은 잠깐일 뿐이다

—

나는 나에게 큰 어려움이 닥쳤을 때 정말로 절망에 빠졌고, 슬픔에 못 이겨 울음을 터트렸으며, 집에서는 남편과 크게 싸웠고 아이들은 공포에 질려 있었다. 그날 이후로 나는 패배자의 감정을 감출 수가 없었으며, 거기다가 우울증과 환청이 동반될 정도의 스트레스가 극에 달해 있었다.

가슴 아프고 지금도 생각하면 눈물이 앞을 가린다. 나는 정말 가슴 아픈 일이 늘 가슴에 묻어두고 살아간다. 하지만 슬픔을 딛고선 더 큰 나로 성장하고 그릇도 커진다고 생각한다. 행복은 늘 내 눈앞에 있으며, 즐겁고 행복한 삶이 늘 나를 기다리고 있다. 나는 그 나쁜 일도 디딤돌이라고 생각하면서 나는 더 높은 곳으로 올라가고 있으며, 그 잠깐의 나쁜 일 하나로 인생이 송두리째 망가진다는 것 자체가 너무 말이 안 된다고 생각한다. 나의 인생에 있어서 절대로 있어서는 안 되는 일이다. 나의 행복과 풍요는 당연한 것이기 때문이다. 그 슬픔을 딛고선 더 큰 나로 성장할 수 있는 기회가 되는 것이다.

나의 가족은 나의 행복이며 나의 사랑이며 나의 원동력이다. 삶이 주는 잠깐 고통이 나의 가족인 행복을 망가트릴 수 없으며, 그것이 나에게 고통을 전혀 줄 수 없다고 생각한다. 나의 소중한 인생이 그 작은 하나의 것으로 망가진다는 것이 말이 될까? 전혀 말이 되지 않는 다고 생각한다. 삶이 주는 고통으로 하나의 1분 1초를 아깝게 살지 말자. 1시간 2시간 10시간 24시간이 얼마나 소중한가? 나의 삶이 통째로 날아가는 것은 더욱 말도 안 되는 것이다. 소중한 당신의 아름답고 즐거운 인생을 살아야 한다. 삶이 주는 아름다운 행복을 놓치지 말자.

그대의 행복이 있기에 즐거움도 있기 때문이다. 나쁜 일이 있더라도 이겨 낼 수 있는 마음의 큰 힘을 가져야 한다. 그 것이 나에게 더 큰 좋은 일로 행복이 찾아오기 때문이다. 나의 마음속 깊숙이 행복을 품고 있으면 나쁜 일이 있더라도 이겨 낼 수 있는 마음에 힘이 커진다. 힘이 들더라도 절대로 나의 행복을 놓치지 말자. 행복을 항상 나의 가족과 함께하고 있으며, 자신이 원하고 꿈꾸는 일을 하면서 살아가는 것도 당연한 것이다. 가족과의 행복도 당연하는 것이다. 내가 좋아하고 사랑하는 일을 하면서 일이 잘 되는 것이 행복이다.

나에게 행복은 당연히 저절로 따라 오고 있으며, 즐거운 인생을 살아야 하지 않을까? 삶을 즐겁게 살다 보면 힘든 일도 저절로 잊게 된다. 너무 아무렇지 않게 인생을 살지 않기를 바란다. 나 또한 너무 힘든 마음에 좌절도 잠시 나에게 돈 이란 다시 벌면 된다는 마음으로 더 열심히 일을 했고, 내가 좀 더 성장 할 수 있는 기회라고 여겼다.

나는 좀 더 내가 더 큰 나로 성장하기 위한 발돋움이라고 생각했으며, 좀 더 발전 가능성 있는 일로 나를 더 크게 성장시켰으며, 내가 할 수 있는 모든 일에 최선을 다하려고 노력했다. 그대로 나의 인생이 멈춘다고 생각하니 말이 안 된다고 생각이 들었으며, 그런 인생을 허비하고 싶지 않았으며, 풍요롭고 즐겁고 행복한 인생을 보내야 한다고 생각하기 때문이다. 인생이 늘 힘든 일만 있는 것은 아니다.

힘든 일을 딛고선 일어나면 해 뜰 날이 기다리고 있기 때문이다. 즐겁고 행복한 일들이 매일매일 일어난다는 것이 얼마나 행복한 일인가?

즐겁고 좋은 일들로 가득하게 보낼 수 있을 것이다. 그러기 위해서는 편안한 마음으로 즐겁게 살아가야 하는 것이며, 늘 좋은 생각과 좋은 말과 좋은 행동으로 하루하루를 보내야 한다.

좋은 인생을 살기 위해서는 큰 그림을 그리고 자신 목표에서 절대로 한순간도 놓치지 말고 살아가야 한다. 인생이 늘 즐겁고 행복한 일로 가득하게 보내기 위해서 말이다.

첫 번째로 아침을 기분 좋게 일어나서 기분 좋게 일을 시작해서 기분 좋은 생각으로 하루를 시작하는 것이다.

두 번째로 나의 할 일을 계획적으로 이루어내서 차근차근 하나씩 밟아가는 것이다.

세 번째로 성취감을 위해서 늘 나의 목표를 이루면서 버킷리스트를 작성하는 것이다.

네 번째로 내가 좋아하고 사랑하는 사람들과 좋은 시간을 보내는 것이다.

다섯 번째로 즐겁고 행복한 일로 나의 하루를 꽉 채우는 것이다.

이렇게 하루하루 내가 이루고 싶은 꿈을 꾸면서 삶을 살아가다 보면은 인생이 더욱 더 풍요롭게 행복하게 이루어지지 않을까?

나의 삶의 목적은 늘 즐겁고 행복하고 풍요로운 삶을 보내는 것이다. 더 아름답게 살아가는 것이 나의 삶의 목적이다. 늘 좋은 일들로 가득 차게 보내게 된다면 얼마나 인생이 아름다울까?

이 세상에 태어난 이유로 나는 행복하고 즐겁게 인생을 살아가야 하며 삶이 목적을 이루는 것에 엄청난 의의를 둔다고 생각한다. 나의 삶에 있어서 즐겁고 행복한 인생을 살아가는 것이 얼마나 즐거운 일인가?

그대 삶에 있어서 행복한 삶을 절대로 놓치지 말고 살아가기를 바라며, 더 풍요로운 삶을 살아가는 것에 의의를 두자. 그대의 삶에 목표를 두고 의미 있는 하루하루를 보내기를 바라며, 알차고 더 뜻깊은 하루를 살아가는 것이다. 나쁜 일이 지나가면 더 멋진 일이 기다리고 있기 때문이다. 삶의 목표를 더욱 찬란하게 빛나게 해줄 하나의 과정일 뿐이라고 생각하며 자기계발과 나의 성장에 포커스를 맞추고선 일해야 한다. 일도 함으로써 나의 성장도 더욱더 발전하고서 일도 더 잘되기 때문이다. 나의 성장을 더욱 크게 이루어질 하나의 큰 디딤돌일 뿐이다. 인생을 즐겁고 행복하게 살아가다 보면 좀 더 나의 성장도 더욱 커지고 더욱더 인생이 풍요로워질 것이다. 인생이 즐겁게 풀리다 보면 좀 더 멋진 내가 될 수 있다. 인생은 그보단 더 멋진 나로 인생이 잘되고 나면 인생은 더 큰 나로 성장하는 것이다. 인생을 즐기기 위해서 태어난 것이다. 인생을 보다 멋지게 살다 보면 우물 안 개구리에서 더 큰 내가 되어 있을 것이다. 나는 우물 안 개구리처럼 살기엔 인생이 길고 누구나 더 멋진 삶을 살아갈 수 있다고 생각한다. 삶이 주는 축복을 절대로 놓치지 말고 다 이루고선 살다가 가는 것이다. 인생은 언제나 나에게 선물을 가져다주는 것이기 때문이다.

어떻게 하면 인생을 즐겁게 살고 풍요롭게 살 것 인가? 늘 고민하고 행동해야 한다.

온 우주가 나에게 맞춰서 행복한 인생으로 축복하기 위해 돌아가기 시작한다면 얼마나 멋진 일인가? 늘 부지런히 행동하고 행복하게 생각하

자. 부자가 되어서 나의 행복한 가정을 이뤘으며 그 행복한 가정을 위해서 나는 더 성장할 것이다.

그대의 삶에도 행복만이 가득하기를 바라며 인생을 목표로 나의 삶을 항상 응원하고 축복하자. 항상 마음속에 품고 있는 주문으로 "나는 이미 부자다.", "모든 빚을 다 갚아서 감사합니다."라는 마음으로 항상 품고 살아가자. 내가 차근차근 밟아가다 보면 인생이 얼마나 드라마틱하게 변할지 기대가 될 것이다.

내가 이루고 싶은 버킷리스트를 작성하는 것 또한 멋진 인생이다. 버킷리스트를 하나씩 이룰 때마다 가슴이 벅차고 즐겁고 행복하지 않은가?

생각하고 또 생각하고 상상하고 이룬 나의 모습을 꿈을 꾸자. 더 멋진 내가 되어 있을 것이다.

그대의 삶에 늘 행복한 일만이 기다리고 있다. 그대 삶을 나는 항상 축복하고 사랑하며 그 행복이 나를 넘어 넘실넘실 더 크게 나를 인생을 멋지게 살아갈 수 있는 원동력이 되는 것이다. 인생을 넘어서 더욱 더 멋진 하루를 보내자. 뜻깊고 행복한 하루하루를 보내는 것이다.

그대 삶의 모든 일이 잘 풀릴 것이다. 인생은 더욱 더 나의 풍요로움을 가져다주는 것이다.

나는 정말로 중요한 것이 말버릇이다. "나는 성공한 부자이며 선한 영향력을 발휘할 것이다."

즐겁고 행복한 생각으로 하루를 채워보자.

4

바쁜 일상 속에서도 하루는 늘 지나간다

—

20대 초반에 결혼을 일찍 해서 10년간 육아를 했다고 해도 과언이 아니다. 매일매일 육아, 집안일, 살림을 하면서 지냈고, 살림을 그렇게 잘하지는 못했지만, 열심히 늘 노력했다. 정말 하루를 어떻게 보냈는지 기억이 안 날 정도로 바쁜 일상을 보냈다.

어쩜 이렇게 하루가 1시간처럼 흐르고 한 달이 하루처럼 지나가고 1년이 한 달처럼 지나가듯이 인생이 빠르게 지나갔다. 남편은 자신이 늙어야 아이들이 커가는 것이라고 생각하며 지낸다고 말했지만, 그 말도 맞지만, 아이들이 커가는 만큼 나도 같이 성장하고 커가야 한다고 생각했다.

하지만 신랑이 있기에 우리 집이 튼튼한 울타리가 있다고 생각하며, 그 울타리가 있기에 우리가족이 안전하고 따뜻하게 잘 보냈다고 해도 과언이 아니다. 나는 바쁜 일상 속에서 나만의 행복을 꼭 찾아가야 한다고 생각하며, 항상 남에게 도움이 되고 발전이 되는 삶을 살아야 한다고 느낀다. 어떤 일이든 나에게는 의미 있는 일이라고 생각하며, 더 멋진 인생을 살아가는 한 과정이라고 생각하기 때문에 바쁜 일상 속에서 뜻깊고 발전하는 삶을 살아야 한다.

왜냐하면 바쁜 일상 속에서 하루를 언제나 순식간에 지나가기 때문이다.

그 시간들이 모여서 어떤 삶을 이루게 될지 너무 기대가 되고, 그 시간이 모여서 자신의 하루를 멋진 인생으로 만들어 줄 것을 알기 때문이다. 내가 이 책을 쓴 이유는 행복한 마음도 습관이기 때문이다. 내가 매일매일 부정적인 생각과 말과 행동이 쌓여서 그것이 불행한 인생으로 가는 길이 될 수 있기 때문이다. 그러기 때문에 항상 나는 힘든 고난이 닥쳤을 경우 그 힘듦에서 늘 벗어나려고 노력했다. 나의 마음과 같이 되지 않을 때가 많기 때문이다. 인생이 정말 내 뜻대로 다 이루어지면 좋겠지만, 나의 맘같이 되지 않을 때도 있고, 나에게 더 큰 시련으로 다가올 수 있다. 그렇게 때문에 항상 나의 마음가짐과 생각과 말과 행동을 조심했으며, 늘 행복한 생각 즐거운 생각 좋은 생각을 하기 위해 노력했기 때문이다.

자기계발서 책을 놓지 않고 지내는 것도 그 이유 중 하나이다.

매일매일 바쁜 일상을 보내고 있기 때문에 그 바쁜 일상에서 시간을 정말 뜻깊게 써야 한다고 생각하며, 멋진 인생을 살기 위해 나는 정말 행복한 마음을 절대로 놓지 않고 감사한 마음으로 살다 보면, 그것 또한 행복한 습관 중 하나라고 생각하며, 남의 눈치 보지 않고선 나를 생각하는 마음으로 상대방을 생각한다면, 그것이 서로에게도 더 좋은 영향력을 주고 행복한 마음을 서로 공유한다고 생각한다. 행복한 마음을 서로 공유하는 것도 좋지만, 나의 인생을 한번 되돌아보면서 나만의 시간과 삶을 설계하는 것이 행복한 마음을 지켜가는 것이라고 할 수 있다.

한번 태어난 인생 즐기고 행복하게 놀다가야 한다고 생각하며, 우리 가족과 나는 행복한 마음 습관으로 여행을 빼놓을 수 없다고 생각한다. 여행을 하면서 행복한 마음이 충만하게 느낄 수 있고, 가족과의 단합도 잘되고, 멋진 하루를 보낼 수 있기 때문이다. 여행을 하면서 느껴지는 힐링과 새로운 환경 속에서 일어나는 일이 너무 즐겁고 행복하다. 그 장소마다 특유의 멋있는 부분과 행복한 감정과 즐거운 감정을 느낄 수 있고 설레는 기분이 들며 새로운 환경에서도 새로운 나를 만난다.

그래서 어떤 여행을 가든 즐겁고 행복한 여행이 되며, 어떤 멋있고 즐거운 느낌을 느껴질지 기대되기 때문이다. 나는 행복한 하루를 보내는 것이 우리의 권리이고 당연한 의무라고 생각하며, 어떤 사람은 만들기나, 커피숍 투어, 쇼핑, 각자마다 힐링 포인트가 다르듯이 나에게 여행은 힐링 포인트가 되는 부분이다. 어떤 새로운 나날이 펼쳐질지 기대될 뿐이다. 매일매일 바쁜 일상 속에서 하루를 보낸다고 생각한다. 어떤 하루가 펼쳐질지는 본인이 선택하기 나름인 듯하다. 우이게늘 늘 매일 매일 선택을 해야 하는 상황이 주어진다는 것이다.

어떤 일을 하고 어떤 기준을 가지고 내가 하루를 보내느냐에 따라서 일이 결정된다고 해도 과언이 아니며, 일이 진행되는 어떤 과정을 거치든 내가 이 일을 꼭 해내겠다는 마음가짐, 무조건 이루겠다는 마음가짐과 그 과정 또한 즐겁고 행복하게 생각하며 이루겠다는 마음이 중요하다.

나는 제일 중요한 것이 내가 해야겠다는 마음가짐이라고 생각한다. 어떤 힘든 일이 있든 내가 이루겠다는 마음가짐이 하나만은 놓치지 않는다면 작은 성공이든 성취가 모여서 나의 하루가 되고 나의 한 달이 되고 나의 1년이 되며, 10년 후의 내가 될 것이다.

그러기 때문에 정말로 내가 이루고 싶다는 마음은 가지고선 꼭 매일매일 하루에 하나씩 일이 진행이 되다 보면 그 일은 우여곡절을 겪게 되겠지만, 실패와 성공을 하나씩 하나씩 쌓여서 나의 성공이 된다는 것이다. 내가 좋아하는 일, 성공하는 일을 이루기 위해선 내가 좋아하는 것, 내가 정말 이루고 싶은 것을 좋은 마음가짐을 가지고선 이루어야 한다고 생각하며, 모든 일을 이루겠다는 마음가짐으로 일을 하다 보면 어느새 좋은 일이 되는 것이다.

할 수 있다는 마음가짐을 절대로 놓치지 말아야 한다는 것이다. 그 마음가짐으로 일을 하다 보면 어느새 나에게 새로운 동기부여, 새로운 일들이 펼쳐진다는 것이다. 그렇게 일을 하다 보면 나도 어느새 내가 할 수 있는 일들이 생겨난다. 바쁜 일상 가운데 틈틈이 시간을 잘 활용하다 보면 내가 할 수 있는 것이 생겨난다는 것이다. 나는 어떤 일에 있어서 모든 것이 나에게 주어진 것에 감사할 뿐이다. 감사하는 마음을 가지면 나에게 감사한 일이 생기기 때문이다. 감사하는 마음을 품고선 감사를 생각하는 마음이 정말로 중요하다.

어떤 감사한 일들이 펼쳐질지 모르기 때문이다. 감사한 생각과 감사한 마음이 나에게 감사한 일들을 마구 끌어오기 때문이다. 모든 사람 안에 자신만의 신념이 내 안에 숨겨져 있기 때문에 제일 중요한 것은 내 안에 있는 것을 제일 먼저 알아차려야 한다는 것이다. 내 안에서 나도 모르는 내가 있기 때문이다. 나는 그래서 더더욱 나에 대해서 알아차리기 위해서 책을 많이 읽었다. 책을 통해서 배우고, 성공의 기운을 느낄 수 있고, 배울 수 있기 때문이다. 모든 일이 진행되는 것에 있어서 감사한 마음을 가지고선 노력할 필요 없다고 생각하며, 모든 것이 물 흐르듯이 이루어졌으면 좋겠지만, 내가 배우고자 하는 목표가 있으면, 인생 선배에게 배우는 것도 중요하고 깨치는 것도 중요하다고 생각한다.

즐겁고 행복한 일이 이루어진다고 생각하면 얼마나 행복한 기분이 들겠는가?

나는 내가 해야 할 일을 놓치지 않고선 진행해야 한다고 생각하며, 어떤 일이 진행되는 것에 대해 늘 행복한 마음과 느낌을 놓치지 말자. 행복한 감정이 나에게 행복한 일들을 끌려오기 때문이다. 하지만 나에게 주어진 것에 감사한 마음이 제일 중요한 것이다. 감사하는 마음이 감사한 것들로 이룰 수 있기 때문이다. 나는 항상 감사한 마음이 중요하다고 생각한다. 나의 일상이 늘 똑같은 것 같지만, 똑같지 않기 때문이다. 우리는 매일 선택을 해야 하는 순간이 온다는 것이다. 어떤 순간들이 올지는 모르지만, 그 순간을 모여서 내 삶의 방향성이 정해진다고 생각한다. 어떤 삶이 펼쳐질지는 그 순간이 어떻게 진행이 될지 모른다는 것이다. 그 순간을 알 수 있는 기회가 온다면 내가 기회를 잡아야 할지 말지는 내가 결정한다는 것이다. 새로운 나날이 진행이 돼서 모든 일에 있어서 좋은 일들이 크게 커진다는 것이다. 어떤 삶이 나에게 선물처럼 다가올지는 매일매일 바쁜 생활을 내가 어떻게 보내느냐에 따라서 정해진다는 것이다. 나에게 매일 매일이 선물처럼 다가올 수 있는 날은 내가 정하는 마음가짐이고 내가 선물처럼 생각하는 마음이다. 나에게 어떤 삶이 펼쳐질지는 내가 생각하는 차이에 있다는 것이다.

어떤 것이 나에게 즐거운 마음처럼 다가올 것인가?

삶에 있어서 진행되는 부분이 나는 항상 좋은 것들만 생각하고 행복한 마음을 가지고선 감사한 마음으로 매일매일 생각했기 때문이다. 나에게 좋은 일이 있을 수 있고 나쁜 일들이 일어날 수도 있겠지만, 그런 일들을 하나씩 다 생각하다 보면 부정적인 일만 생긴다고 해도 과언이 아니다. 나는 항상 즐겁고 행복한 일들을 생각하고 감사한 일들이 매일매일 생겨난다고 생각하는 것이 중요하다. 감사한 마음과 느낌을 중요하다. 나는 항상 매일매일 감사한 일들이 생겨난다고 생각하며, 감사한 것들이 모여서 감사한 일들만 생겨난다는 것이다.

인생이 늘 행복하고 즐겁기만을 바라며 그 행복한 일들을 매일매일 하나씩 쌓아가는 삶을 살아가는 것이 행복할 뿐이다. 좋은 삶이 나에게 펼쳐진다면, 즐겁고 행복하게 살아가는 것이 첫 번째로 제일 중요하다고 생각하며, 그 삶을 펼쳐내는 것은 나에게 정말로 중요하다고 생각하며, 행복한 감정을 느끼는 것이 어떤 것이 나에 대해서 잘 알아가는 것이 중요하다. 행복한 감정이 늘 함께한다는 마음가짐으로 일하는 것이다. 누구나 자신만의 행복한 감정이 있다고 생각한다.

그 행복한 감정이 어떤 감정인지는 자신이 충분히 느끼고 알아야 한다고 생각하며, 나에게 감정은 정말로 중요하다. 매일매일 행복한 감정을 가질 수 있도록 해야 하며, 나는 나에게 좋은 일들이 펼쳐지는 것에 대해 항상 좋은 감정을 품으려고 해야 한다. 모든 일이 내 뜻대로 되지 않더라도, 그 상황에서 내가 안 좋은 감정과 안 좋은 기분을 품으려고 하지 말라는 것이다. 항상 나에게 좋은 기분과 행복한 감정을 품고 시간을 보내고 긍정적으로 이루어진다고 생각하고 즐겁고 행복한 일들만 이루겠다는 마음가짐으로 하루를 보내는 것이 중요하다고 생각한다.

5

그대가 향하고 있는 길이 행복의 길이다

–

힘들었던 시기가 지나고나니 나는 더욱 용감해지고 나만의 방향을 찾아가는 것이 더 쉬워졌다. 힘들었던 만큼 나는 더욱 성장하고 발전하는 나의 모습을 찾아가는 거라고 생각한다. 이 힘들었던 게 나에게는 터닝 포인트가 되었다고 생각하며 모든 일이 나의 성장에 큰 도움이 되었다. 모두에게 힘들었던 시기는 있다고 생각한다. 하지만 이 힘듦을 어떻게 헤치고 나가느냐에 따라서 크게 달라진다. 좀 더 자신에 대해서 알게 되고, 삶에 대한 방향성이 정확해진다.

시간이 지나고 보면 이 또한 지나가리라고 생각하며, 그것이 지나고 나선 나의 멋지게 성장할 나의 모습이 기대될 뿐이다. 모든 일에서 가시 밭길도 행복으로 가는 길이라고 생각한다. 나의 삶에 방향성을 잡고선 가는 것이 진정한 행복으로 가는 길이 아닐까? 어떤 삶이 펼쳐지든 고난 과 역경을 벗어던지고 자신의 행복으로 가는 길이라고 생각한다. 모든 일이 조금 더 멋지고 행복한 삶이 진행 중이다.

나는 어떤 삶이 나에게 딱 알맞은 방향으로 진행을 하고 있다고 생각 하고 있으며, 그 꿈을 위해서 더 즐겁고 행복하게 즐기면서 행복으로 가 는 중이다. 행복에 있어서는 언제나 방향이 정해져 있기 때문이다. 늘 마 음속에 행복을 품고선 가야 한다고 생각한다. 그것이 그대가 향하고 있 는 길이 행복의 길이기 때문이다. 그 행복은 절대로 놓쳐서는 안 된다. 언제나 인생을 천국처럼 행복하고 즐겁게 살아가야 한다고 생각한다.

모든 일이 그렇게 진행되어 가고 있는 중이며 늘 행복하고 발전해 가 는 삶을 살아가는 것이 행복으로 향하는 길이라고 생각하며, 어떤 일이 든 나의 마음가짐 나의 생각의 중심을 긍정적인 방향으로 생각하려고 하 는 거에 따라 더 발전적인 내가 될 수 있다고 생각한다.

부정적으로 생각할수록 상황이 더 좋지 않게 흘러갈 뿐이다. 나는 어떤 일이든 좋은 방향성을 찾아야 한다고 할 수 있다. 하지만 어떤 불법적인 일이나 행동과 생각은 옳지 않다고 생각한다. 항상 남에게 선한 영향력을 행동으로 보여줘야 한다고 생각하며 그 일을 통해서 나도 같이 성장한다고 할 수 있다. 나는 늘 긍정적인 방향으로 생각하려고 노력하고 그 방향성이 내가 좀 더 멋지게 성장할 수 있는 하나의 길이라고 생각한다. 어떤 일이든 처음에는 힘들지만 그것을 참고 견디고 나면 더 멋진 되어 있을 것이다.

그 시련과 힘듦을 벗어던지고 나면 고통과 끝으로 나의 새로운 시작이 된다고 생각하면 되며, 나쁜 습관과 나쁜 생각들도 다 하나둘씩 버려야 한다고 생각하며, 나에게 안 좋은 영향을 주었던 습관과 나쁜 행동도 쓸모없는 물건은 버리고 새로운 마음가짐과 새로운 내가 돼서 좀 더 멋지고 당당한 모습으로 살아가야 한다. 그렇게 나는 나의 인생에 있어서는 정말 멋있고 행복하게 살아가야 한다고 생각하며, 나의 인생의 주인은 바로 나이기에 그 시련과 불행을 이겨내고 나선 나의 성취감과 풍요로움으로 보답을 받을 수 있기 때문이다. 나의 인생에서 내가 당연히 받아야 하는 권리이고 의무이기 때문이다. 누가 뭐라고 하든 그것은 다 내가 받아야 하는 과정이라고 생각하며 내가 누릴 수 있는 삶에서 하나의 과정일 뿐이라고 생각한다. 그것이 모두 지나고 나선 나에게 멋지게 보답으로 돌려받을 것을 알기에 나는 슬픔과 고통을 일어서는 과정이 단지 하나일 뿐이라고 알고 있다. 다들 자신만의 과정이 있고 그 과정과 절차는 다르기 때문에 그 챕터를 끝내고 나선 자신만의 속도가 아닌 방향을 잘 잡고선 나아가야 한다고 생각한다. 누가 먼저 성공하는 게 중요한 게 아니라, 방향이 중요하다고 생각한다. 방향을 잘 잡고선 일찍 성공하는 것도 정말 멋진 인생을 살아가는 거라고 생각한다. 나는 20대 대부분을 육아로 보냈다고 해도 과언이 아니다. 하지만 나는 20대 때 일찍 결혼한 것에 대해서 전혀 후회하지 않는다.

어렸을 적에 어렵고 힘들었던 시절을 지내왔기에 나의 가정이 너무 소중하고, 애틋했던 부분이 있다. 그 또한 참으로 많은 우여곡절을 겪었지만, 어떤 사람은 정말 일찍 방향을 잘 잡아서 성공가도를 달릴 수 있다고도 생각한다. 그것도 또한 부러울 일이지만, 거기서 배워야 한다고 생각한다. 나는 나에게 맞는 포커스에 맞춰서 일을 해야 한다고 생각하며, 어떤 일이든 열정을 가지고 나만의 일로 만드는 것 또한 기술이라고 생각한다. 나에게 맡은 일은 끝까지 해내는 것 또한 멋진 일이라고 생각하며,

그 일을 함으로써 나에게 또 다른 멋진 일이 펼쳐질 것을 알기에 나는 어떠한 일이든 책임감 있게 한다. 모든 사람에게는 가치관과 생각하는 습관의 패턴이 있기 때문에 그것을 정말 고치고 노력하려면 명상과 매일 감사하기를 빼놓지 않고 하는 게 중요하다고 생각한다. 자신의 삶을 바꾸고 싶고, 도전 하고 싶은 의지만 있다면 어떤 시련이 닥쳐와도 이겨 낼 수 있다고 생각하며, 자신의 삶을 리드해 나갈 수 있다고 믿는다.

자신의 인생에 있어서 멋진 수련자가 될 때 하나의 과정을 벗어던질 때마다 나의 그릇 또한 커진다고 생각한다. 하나의 과정일 뿐이라고 생각하며, 그 과정에서 하나씩 배워가고 깨우쳐 나아가야 한다고 생각한다. 나의 삶의 주도권을 잡고선 하나씩 펼쳐지는 인생의 파노라마를 겪는 과정이며 그 과정 속에서도 내안에 맞는 방향성을 가지고선 펼쳐 나아가야 한다고 생각한다.

나는 어떤 일이든 늘 배우려고 하는 자세를 놓치지 않았다.

철없던 학창시절에는 로맨스, 판타지 소설을 좋아했던 귀여운 소녀였다면 20대 초반에는 자기계발 책 읽기를 좋아했으며, 가족을 항상 생각하는 마음이 컸던 20대를 보냈지만, 노는 것 또한 좋아하던 소녀였다. 나는 정말 우리 가족이 힘든 시간을 보냈지만, 그것을 이겨내고선 멋지게 성장한다고 생각한다. 내가 성장하는 만큼 주변에도 영향을 미친다고 생각하며, 그만큼 영향력을 알게 모르게 다른 사람들에게 가기 때문에 나는 항상 좋은 마음가짐을 가지려고 한다.

매일매일 시간이 흘러가는 것에 대한 소중함을 알고 우리가족이 건강함과 완전하게 지낼 수 있는 것에 감사하며, 힘듦을 이겨 낼 수 있는 것에 감사함을 느끼면서 보내는 하루하루도 뜻깊게 보내는 것이 중요하다고 생각한다. 나의 발전 가능성을 두고선 하루하루를 보낸다는 사실 자체만으로 꿈만 같은 하루를 매일 매일 보내는 것과 같다고 생각이 들며, 나의 하루를 어떻게 알차게 보내느냐에 따라서 미래에 크게 인생이 달라지는 것이라고 생각한다. 나는 그만큼 매일 주어지는 시간이 너무 소중하며 1분 1초를 자신이 행복하게 보낼 수 있는 방향을 찾아서 가는 것이라고 생각한다.

그렇게 하루하루가 쌓이고 한 달이 쌓이고 1년이 쌓이고 2년이 쌓이고 10년이라는 시간이 쌓여서 나라는 사람이 만들어진다. 제일 첫 번째로 생각해야 할 것은 가족을 생각하는 마음으로 나의 성공라이프를 멋지게 만들어 가면서 성공을 만들어 가야 한다고 생각한다.

내가 올바른 길로 가고 있다면 어느새 멋진 인생에 한 발짝 다가가지 않을까?

그래서 나는 항상 유튜브나 책으로 자기계발 영상을 놓치지 않고 꾸준히 챙겨 보고 있으며, 그런 시간과 과정이 모여서 나의 인생에도 큰 영향을 준다고 생각한다. 누구나 힘든 일이나 가슴 아픈 일 슬픈 일은 있다고 생각한다. 하지만 그 아픔을 어떻게 이겨내고 버텨내고 내가 어떻게 그 하루하루를 보내느냐에 따라서 인생은 방향성과 나의 성공 가능성과 발전 가능성이 크게 달라진다고 생각한다. 항상 나는 어떤 힘듦이 있더라도, 그것을 헤쳐 나가는 끈기와 인내가 꼭 필요하다고 생각한다. 너무 고단하고 외롭고 힘들수록 이 힘듦을 이겨낼 수 있게 도와 줄 수 있는 무엇인가 꼭 찾아야 한다고 생각한다.

우리가족 모두 자신이 원하고 행복하게 생각하는 일을 다 이루기를 바라고, 삶이 어떤 고난과 역경이 있다고 하더라도, 그것을 견디고 이겨내면 더 높은 나로 성장할 것을 알기에 고난과 역경이 있을 때마다 나는 더 큰 나로 성장하는 한 과정이라고 생각하며, 멋진 인생을 살아가는 하나의 과정일 뿐이라고 생각한다. 나는 어렸을 때부터 우리 엄마가 건강하지 못하셔서 잘 챙겨주시지는 못했지만, 나는 엄마가 있는 것만으로도 엄청난 힘을 얻었다. 살뜰히 챙기지도 못하고 많이 표현을 못했지만, 늘 옆에서 든든하게 지켜주시는 엄마가 있어서 행복할 뿐이다. 그만큼 나에게 가족은 얼마나 소중한 존재인지 모른다. 항상 가족을 위해서 나는 희생할 수 있다는 마음가짐이 중요하지만 힘듦을 이겨 낼 수 있는 마음과 자신이 이루고 싶은 꿈을 절대로 놓치지 말아야 한다.

나는 삶이 나에게 주는 시련도 내가 이겨 낼 수 있는 시련만을 준다는 것을 알기에 더욱더 나는 이겨 낼 수 있고, 이 시련을 통해서 더 큰 나로 성장하는 것이라고 생각하며, 늘 도전하고 내가 할 수 있는 것에만 집중하는 것이다. 무엇이든 이룰 수 있다는 자신감 하나로 내가 나로 성장할 수 있으며, 내가 성장할수록 더욱 주변 사람들에게도 영향력을 주고, 인생을 자연스럽고 풍요롭게 인생을 살아가는 것이라고 생각한다. 나는 정말로 힘든 상황이 닥치면 잠시 멈춰서 나의 느낌을 따라서 내가 원하는 방향으로 생각하고 더불어 살아가는 것이라고 생각하는 자세로 더욱 나를 더 큰 나로 성장하는 것이다. 인생에 엄청난 시너지를 준다. 그리고 내가 좋아하는 노래나, 추억의 장소를 생각하면서 더욱 나를 단단하게 만들어 준다고 생각하고, 인생에서 더욱 발전되어 가는 나의 모습을 꿈으로 꾸자. 그것이 더욱 자신의 삶에 원동력이 된다. 그것이 더욱 나를 단련시키는 것 중 하나이며, 어떤 삶을 살든 거기서 내가 원하는 방향만 생각하면서 하루하루를 뜻깊게 보내는 것이며, 꼭 자신을 이끌어 주는 멘토가 있는 것만으로 삶에 큰 위로가 되고 큰 원동력이 된다. 자신이 원하는 모습과 원하는 방향을 생각하면서 도전하는 삶을 살아가는 것이 얼마나 감사한 일인지 모른다. 그대를 위한 삶을 살아라.

그것이 정말로 얼마나 행복한 일인지 모를 것이다. 나는 항상 쉬어 가는 것이 더욱 나를 성장할 수 있는 기회라고 생각한다. 어떤 삶을 살아가든 인생이 내 뜻대로 안 된다고 해서 세상에 대한 불평불만을 하지 마라. 그것은 자신의 인생에서 독이 되기 때문이다. 내 뜻대로 인생이 잘되지 않을 때는 인생을 편안하게 쉬어가는 시간이라고 생각하면서 마음을 내려놓아라. 그래야 인생이 좀 더 수월하고 편안한 방향으로 나아가는 것이다.

뭐든 삶을 살아가는 데 나의 길만 찾아 가면 된다. 무조건 방법은 있다고 생각하라. 해결 방안만을 찾는다는 생각으로 살아가는 것이다. 인생을 살아가는 것에 있어서 늘 방법을 찾을 수 있다고 생각하면서 살아가자. 항상 작은 것에 감사할 줄 알아야 남과 비교하는 삶이 아닌 나의 삶

을 살아갈 수 있다. 그러니 우리의 인생은 좀 더 풍요롭고 아름답게 이루

게 될 것이니 말이다.

PART 3

그대는 언제나 소중한 사람일 뿐이다

1

남의 일에 도움을 주지만, 기분을 상하게 하지 말자

—

우리는 사회적인 동물로서 사람과의 관계도 그냥 넘어갈 수 없는 것 중에 하나이다. 우리는 많은 사람들과 관계를 맺고 있으며, 그 관계에서도 서로 여러 가지 일로 상호작용을 한다고 할 수 있다.

그런 관계 속에서 어려움을 느끼는 사람들이 많고 사람들과의 관계에서도 많은 갈등과 어려움을 느낀다. 그런 어려움을 잘 해결하는 것도 수많은 인간관계에서의 기술이라고 할 수 있다.

사람과의 불편한 관계에서 서로에게 피해를 주지 않는 선을 지키는 것이 중요하다고 할 수 있다. 불편한 상대가 있더라도 정확하게 예의를 지키는 선을 지켜야 하며, 그 선에서 벗어나서는 안 된다. 그렇다고 불편한 상대와 자꾸 트러블을 만들거나. 서로가 싫어하는 행동을 서로 조심하는 게 좋으며, 서로에게 지켜야 하는 선을 지키면서 일을 하는 것도 일의 능동성을 올리고, 서로에게 도움이 되는 선으로 일을 도와주는 것이 좋다. 내가 상대방을 이기려고 하거나, 내가 상대방에게 안 좋은 소문이나 일부러 싫어하는 행동을 하는 것 자체가 인간관계에서 서로 악영향을 주는 거라고 할 수 있으며, 인간관계에서 서로 한 발짝 양보하면서 인간관계에서 도움이 되는 사람이 되는 것도 정말 중요하다. 서로 자라온 환경이 많이 다르고 성격과 주변 환경에 따라서 성격이 형성되기 때문에 100% 맞는 사람은 절대 없을 것이다.

모두 다른 성격을 가지고 있는데 어떻게 100% 맞는 사람이 얼마나 많겠는가?

그런 사람들과의 관계에서 서로 적당한 거리를 두면서 서로에게 좋은 영향력을 주면서 서로에게 도움이 되는 사이가 정말로 바람직한 관계이다. 남에게 도움을 주지만, 참견을 하면서 깎아내리는 행동이나 말을 사용하는 것은 정말로 서로 인간관계에서 도움이 되는 행동이 아니며 그런 행동조차도 하지 않는 것이 중요하다. 인간관계에서 서로 비교하거나 경쟁하는 것이 아니며, 그것은 더 큰 화를 불러오는 것 중 하나이다. 경쟁하는 삶이 아니 이생을 더 풍요롭고 행복하게 즐겨야 하는 이 세상에서 인간관계 하나로 인생에 시간을 낭비하는 자체가 얼마나 슬픈 일인가? 그런 슬픈 일을 없을 것이다.

소중한 우리의 시간과 나의 감정과 에너지를 지키면서 나의 1시간을 알차게 사용하는 것도 매우 뜻깊은 일이다. 나의 감정과 에너지를 불필요한 것에 감정소모를 하지 말며, 그런 서로에게 악영향을 주면서까지 나의 감정과 에너지를 소비하지 말자.

그 얼마나 안타까운 일이가?

그런 일로 서로에게 악영향을 주지 말고, 자신의 감정과 에너지를 지켜나가야 한다. 에너지 소비를 최소화하면서 자신에게 선순환으로 자기계발을 하거나 취미를 갖고선 나에게 도움이 되는 것에 에너지를 쏟아야 한다.

인간관계로 더 이상 힘들어하지 마라. 서로에게 도움이 되는 선에서 자신에게 발전과 성장하는 데 에너지를 쏟는 것이다. 그런 에너지를 받고 선순환으로 다른 사람들에게도 좋은 영향력을 줄 수 있으며, 다른 사람들에게도 좋은 영향력이 펼쳐져서 많은 사람들에게 도움을 줄 수 있다고 생각한다.

좀 더 멋지게 다양한 성장에 포커스를 맞추고 살다 보면 인생이 너무 다채롭고 멋있게 완성되지 않을까?

자신의 성장 포커스에 맞춰서 일을 진행하며 내가 지켜야 하는 것들을 생각하면서 인생에 도움이 되는 방향으로 발돋움해야 하는 것이다. 내가 성장하고 싶음 내가 배우고, 내가 닮고 싶은 롤모델을 정하고 성장해가는 것이다. 그 어떤 어려움이 있더라도 롤모델이나 멘토를 보면서 내가 성장해 가는 것이다. 그러면서 사회생활이나 나의 삶에 도움 되는 것들도 나를 채우는 것이다. 인생이 언제나 내 뜻과 맞지는 않겠지만, 성공한 사람들의 하는 방향에 맞춰서 나의 성장도 같이 거기에 포커스를 맞춰서 일을 하는 것이다. 자신의 롤 모델을 생각하면서 일을 하다 보면 인생이 즐거울 것이다.

사람들과의 불필요한 악한 감정을 되도록이면 섞이지 않는 게 중요하며, 그 사람의 감정과 나의 감정을 혼돈해서는 안 된다.

그 사람의 감정은 그 사람만의 감정일 뿐이다. 자신의 감정을 중요하게 생각하면서 인생을 발전 가능성이 되는 삶이 되도록 인생을 설계하고 인생에 도움이 되는 방향으로 인생을 즐겁게 즐기는 게 어떨까? 나는 늘 나의 성장과 아이들을 키우면서 발전 가능성을 보면서 삶을 살아가고 있으며, 인생을 조금은 힘든 부분과 부딪칠 수는 있겠지만, 그것 또한 잠시이며, 부딪침에서 벗어나서 자신의 인생에 순탄한 배를 타고 가는 것이라고 생각하면 된다.

삶이 주는 모든 문제를 선물로 생각하면서 이겨 낼 수 있는 강한 마음을 가져야 한다.

즐겁고 행복한 삶을 살기 위해서 더욱 발전하는 삶을 살아가며, 인생을 즐겁고 행복하게 살아야 하는 것이며, 보다 뜻깊은 인생을 즐겨야 한다. 편안한 마음으로 내려놓고 그만큼 우리의 가족이 너무 소중하고 나의 아이들이 소중하기 때문이다. 좋은 영향력 안에서 아이들과 같이 성장한다고 생각한다.

나는 성장하고 발전 가능성 있는 일을 진행해야 한다고 생각하며, 인생에 큰 도움이 되는 사람으로 아이들을 키우고 싶다. 즐거운 인생이 되지 않을까?

삶이 보다 넓은 의미를 가지고 성장하는 것이 얼마나 중요한가?

인생을 아름답게 색칠하는 게 참으로 중요하며 인생을 더 즐겁고 행복하게 살아가는 것이 인생의 첫 번째 목표이자 삶을 이루는 나의 인생의 모티브이다. 인생이 좀 더 아름다운 색으로 채워 가는 것이 중요하며, 인생을 즐겁고 행복하게 살아가는 것이 나의 삶에서 큰 성장을 채워가는 것이다. 행복을 바라고 성장하다 보면 인생 또한 행복한 삶이 주는 큰 선물을 받지 않겠는가? 그대를 위한 큰 선물을 위해서는 더 큰 성장이 필요하고 좀 더 발전 가능성 있는 일을 찾아서 하는 것이 참으로 중요하다. 멋진 꿈을 꾸기 위해서 좀 더 발전적인 생활을 하는 것이 얼마나 멋진 일인가? 내가 꿈꾸고 바라는 모습을 항상 마음에 품고선 발전적인 일을 할 수 있는 것을 찾아야 한다.

그러다 보면 삶이 풍성해지고 풍요로워지는 것을 느낄 것이다. 인생이 얼마나 값진 선물을 줄지는 그대에게 꿈을 가지고 사는 동안 인생이 절로 풍요로워질 것이다. 서로가 생각하는 관점이 다르고 차이는 당연히 있기 때문에 누가 옳고 그름은 따로 없고 답도 정해져 있지 않다. 그 사람이 생각하는 것에 대해서 존중할 줄 아는 넓은 마음을 가져야 한다. 나는 풍요롭고 모든 일이 잘되며 인생이 즐겁다는 마음으로 매일매일 행복하게 살아가면 된다. 인생에 답이란 없으며 그 답이 뭐든 항상 꿈을 꾸며 살아가야 한다. 내가 원하는 삶이 무조건 나에게 펼쳐진다고 생각하면서 지내면 된다. 어떤 일이든 내가 원하고 꿈꾸는 일이 펼쳐진다는 것이 얼마나 멋지고 아름다운 일인가? 성공한 인생이 내 눈앞에 펼쳐져서 아름답게 수놓은 모습을 꿈을 꾸면서 살아라. 삶이 주는 선물이 그대를 기다리고 있을 것이다. 모두가 아니라고 절대 할 수 없는 길이라고 할지라도 답이 없는 길이라고 생각할지라도 자신의 느낌을 믿고 할 수 있다는 자신감을 가지고 일을 하다 보면 인생이 즐겁게 펼쳐질 것이다. 나의 잠재의식의 힘을 믿고 도전적인 삶을 살아가면 되는 것이다.

내가 원하고 바라는 꿈을 꼭 이룰 수 있다는 마음가짐으로 일을 하면 된다. 사람마다 자신이 원하는 꿈이 있으며 그 꿈을 위해서는 뭐든 할 수 있다는 자신감을 가지고선 일을 하며 즐겁고 멋있는 인생을 살아가는 것이다. 얼마나 멋진 인생을 살아가느냐에 따라서 나의 삶이 달라지고 자세도 달라지고 인생도 달라지는 것이다. 나는 인생을 살아가면서 최고의 삶을 누리기 위해서 태어났다고 생각한다.

자신이 생각하는 멋진 일을 이룰 수 있는 것만으로도 얼마나 멋진 인생인가? 꿈을 위해서 좀 더 발전적인 삶을 살아가야 한다고 생각한다. 내 삶이 주는 모든 것에 너무 감사하고 삶이 아름다운 인생을 가져다줌에 너무 감사할 뿐이다. 그대 삶에도 언제나 축복하며, 삶이 주는 아름다운 것들을 놓치지 말며 꿈을 이루어가길 바란다. 그대가 마음속에 품고 있는 꿈을 가지고 인생을 즐겁게 살다 보면 인생이 아름답게 변화하게 될 것이다.

삶은 그렇게 멋지게 나의 인생을 수놓은 것이라고 생각한다.

삶이 주는 모든 것에 감사하고 또 감사한 마음으로 살아야 하며 인생이 어떤 삶이 주어지듯 감사한 마음으로 살아가야 한다. 삶이 자신에게 장애물이 올지라도 그 장애물을 넘어서 디딤돌로 삼아서 인생을 더 풍요롭고 아름답게 완성해 나가는 것이다. 사람은 누구나 실수와 실패를 할 수 있지만, 그 실패를 딛고선 일어서면 멋진 삶이 자신에게 주어진다. 삶이 주는 것에 감사하며 인생을 하루하루 멋지게 살아가는 것 또한 삶을 얼마나 아름답게 변화하겠는가?

　하루하루를 뜻깊게 보내야 한다고 생각하며 인생에 있어서 즐겁고 행복한 일들을 꿈꾸며 살아가자. 인생이 주는 선물 같은 것을 가지고 살아가는 것이다.

2

진심은 언젠가 통한다

—

나는 어렸을 적에 그렇게 공부도 못했고 잘하는 것 또한 많지 않았으며, 어려웠던 환경에 살았기에 나는 늘 꿈꾸고 바라는 것이 많았으며 그꿈이 언젠가는 이루어지기를 바라는 마음으로 살아갔다. 진심으로 그것을 믿으면 통한다는 것처럼 나는 내가 믿고 성공의 법칙을 마음속에 품고 있으며 언젠가는 그 꿈이 이루어진다고 생각한다. 아무리 힘든 일이 있고 뭐가 잘 되지 않더라도 된다는 마음가짐을 놓치지 않는다면 진심은 언젠가는 통한다고 생각한다. 인생을 올바르게 살다 보면 진심은 통해서 뭐든 잘 되는 것이라고 생각한다. 삶이 주는 것에 늘 감사하고 뭐든 진심을 가지고선 일을 해야 하는 것이다. 일을 하다 보면 인생이 더 넓고 풍요로워진다. 인생을 즐겁고 행복하게 살다가는 것이다. 억지로 내가 한다고 해서 일이 이루어지는 것이 아니다. 인생이 힘들고 아무리 어려운 일이 있더라도 그 꿈을 위해서 좀 더 발전적으로 살아야 한다. 늘 풍요롭고 아름다운 인생을 즐기는 것이라는 자신감을 가지고 살아가는 것이다.

억지로 내가 무슨 일을 이루려고 하지 말아야 한다. 인생이란 답은 없기 때문에 내가 느끼는 그대로를 진행해 나가는 것이다. 인생의 답을 찾아가는 것이 나 자신이기 때문이다. 주어지는 것에 감사하며 뭐든지 일을 해낼 수 있다는 자신감으로 살아가다 보면 거기서 인생을 답이 주어진다. 인생에 답이 없다고 생각이 들 땐 좋은 생각과 좋은 마음가짐으로 좋은 영상과 노래를 많이 접해야 한다. 자꾸 나쁜 생각이 든다고 해서 그 생각에서 빠져들면 안 되는 것이다. 즐겁고 행복한 삶이 이루어지는 것만을 꿈꾸면서 살아가자. 자꾸 안 좋은 생각과 마음을 담고선 일을 진행하다 보면 되는 일이 없고 풀리는 일이 없기 때문이다. 삶이 주는 모든 것에 감사하고 늘 감사하는 마음으로 살아야 한다. 삶이 어떤 것을 주느냐에 따라 나의 인생이 달라지기 때문이다.

인생을 아름답고 풍요롭게 살기 위해서는 진심을 담아서 가족을 생각하는 마음을 가져야 한다. 나의 인생은 내가 이루는 것이다. 인생은 누가 살아주는 것이 아니고 내가 내 인생을 풍요롭고 아름답게 살아가는 것이며 이것이 나의 삶과 목표에 더욱 가까워지는 것이다. 인생을 즐겁고 행복하게 잘 살아가다 보면 인생이 완성되는 것이다. 나는 정답은 없다고 생각하며 내가 바라는 꿈을 이루기 위해서 원하는 삶을 늘 마음속에 꿈꾸고 바란다. 진심이 통하는 김태광 대표님과 권동희 대표님을 만나게 돼서 영광이고 나의 꿈을 이루어준 두 대표님께 너무 감사한 마음뿐이다. 내 삶의 꿈을 더 빨리 이루게 해준 〈한국책쓰기1인창업코칭협회(이하 한책협)〉을 만나서 너무 행복하다.

즐겁고 행복하게 살아가면서 인생의 답을 찾아가는 것이 얼마나 멋진 일인지 모른다. 좋은 사람들과 함께 꿈을 이룬다는 자체가 너무 행복하고 아름다운 것이라고 생각한다. 나는 늘 내가 바라는 꿈을 꾸고 이루는 삶을 살아가고 있다. 그 꿈을 이루기 위해서는 항상 조금 더 발전 가능성을 보면서 공부하고 또 공부한다. 인생의 답은 언제나 내 안에 있다. 인생은 나에게 언제나 최선의 선물을 준다고 생각한다. 혹시라도 너무 힘든 일이 닥쳐서 내가 이 꿈을 이루지 못할 거라고 좌절한다면 방법을 찾고 해결점을 찾아야 한다. 인생의 답을 찾아가는 것이 이 세상에서 답을 찾는 게임과도 같다고 생각이 든다. 원하는 방향성을 자꾸 생각하고 질문하면서 인생의 답을 찾아가야 하는 것이 아닐까? 나의 한계점을 찾지 말고, 가능성을 찾아서 가보는 거다. 나의 가능성이 얼마나 방대한 사람이 될 수 있을지 자신이 꿈꾸는 삶을 바라보면서 나아가자. 삶이 나에게 주는 방향성을 찾아서 말이다. 인생에서는 속도가 아니라 방향이 중요하며, 방향을 잘 따라서 가다 보면 인생의 답을 찾을 수 있을 것이다.

방향성을 찾아서 인생을 가다 보면 인생의 답을 찾을 수 있는 것이라고 생각한다. 자신이 믿고 신뢰하는 일에 최선을 다하는 것이다. 행복하게 살아가다 보면 인생의 답이 나오지 않을까? 나에게 있어서 가족의 행복이 나의 행복이고 나의 행복이 가족에 행복이라고 생각한다. 내가 행복해야 주변 사람들도 같이 행복해진다. 사람들과의 인연에서도 행복을 느끼고, 서로에게 좋은 영향력을 발휘한다고 생각한다. 무언가를 주고받을 때는 그 사람에게 좋은 생각만 가지자.

언제나 진심은 통한다고 생각한다.
사람과의 인연에서도 서로에게 좋은 영향력을 주고받으면 된다. 나는 항상 진심을 통해서 사람에게 서로 사랑을 주고받는다고 생각한다. 나는 우리 가족과 아이들이 너무 소중하며 힘든 하루하루를 보내더라도 아이들을 생각하면서 힘든 것을 이겨 냈다. 그래서 좋은 생각과 좋은 추억을 생각하고 내가 이루고 싶은 꿈만 꾸면서 행복하게 살아가면 된다고 생각한다. 좋은 기운이 나에게 맞는 것들로 내 주변을 꾸미고, 누가 뭐라고 하든 용기와 자신감을 가지고선 내가 이루고 싶은 꿈을 꾸면 아이들과 우리 가족 모두 서로 발전적인 삶을 살아갈 것이다.

나의 하루 24시간이 정말로 중요하다. 1분 1초를 어떻게 인생을 만들어 가느냐에 따라서 나의 미래가 달라진다고 생각한다. 취미생활을 하면서도 좀 더 발전적인 삶을 살아가는 것이 얼마나 위대한 삶인가? 나는 서로 도움이 되는 인연을 맺어 가는 것도 매우 중요하며 즐겁고 행복한 생각으로 인생을 완성해가야 한다고 생각하면 된다. 인생이 즐겁고 늘 행복하기를 바라는 마음으로 이 책을 썼으며 늘 행복한 주문을 외우는 것이다.

혹시라도 나의 부정적인 생각이 올라온다고 생각이 들면 바로 나만 주문을 외운다.

예를 들어 "나는 행복하다.", "모든 일이 술술 풀린다.", "나는 풍요롭다."라고 주문을 외우는 것이다. 호흡으로 나의 생각을 정리하는 것도 좋은 팁이라고 생각한다. 그런 좋은 생각과 좋은 말과 하고 남에게도 좋은 행동과 선물을 주면서 나에게 행복이 스스로 찾아오게끔 행동하는 것이다. 이렇게 해야 내가 삶이 어둡고 아무리 불행하여도 좋은 주문과 생각으로 나의 삶을 통제해 나갈 수 있다. 나의 삶은 누가 좌지우지 하는 게 아니고, 내가 나의 삶을 통제해서 즐겁고 행복한 삶으로 꾸미는 것이다. 삶을 통제하는 것도 나의 능력이라고 생각한다. 삶을 통제하는 법은 내가 해야 할 일을 끝까지 목표에 맞춰서 생각하고 발전하는 것이다. 그것이 삶의 원동력이었다. 나는 늘 최선을 다했다. 최선을 다해서 인생을 즐기다 보면 하루를 그냥 보냈다고 생각이 안 들 것이다. 내가 이루고 싶은 꿈이 조금은 늦어지더라도 누구를 부러워할 필요도 없고 누구와 비교할 필요 없다. 그의 삶을 부러워하기보단 그의 경험과 체험을 보고 삶을 배우는 것이라고 생각한다. 행복하고 즐거운 하루하루를 꾸며 나가는 것을 응원한다.

3

늘 재미있게 놀다 가자

–

이왕 태어난 김에 인생을 즐기다가 가야 한다고 생각한다. 늘 재미있는 생각 행복한 꿈을 꾸면서 나를 채워 나가는 것이다. 내가 좋아하는 것만 보고 내가 사랑하는 사람들과 좋은 추억을 쌓으면서 행복한 나의 인생을 채워 나가는 것이다. 인생에 하루가 주어짐에 얼마나 감사한 일인가? 나 또한 행복을 찾기 위해서 열심히 노력하고 늘 우리 가족이 행복하기를 빌며 즐거운 인생을 살아가고 있다. 나만의 루틴대로 늘 하루를 재미있게 놀다 간다고 생각한다.

인생이란 나에게 사랑과 기쁨과 선물처럼 가져다준다. 인생을 늘 행복하고 즐기며 놀다 가는 곳이라고 생각한다. 자신 인생에 성장의 포커스를 맞춰서 늘 내가 성공하고 바라는 것에만 목적을 두고 하루를 보내는 것이 중요하다. 자신의 목적을 뚜렷이 해야 목표를 달성하며 성공할 수 있기 때문이다. 어떤 힘든 일이 있더라도 늘 즐기면서 행복하게 살아가야 하며 인생을 얼마나 풍요로운 세상인지를 알아야 한다. 삶이 나에게 주는 축복을 늘 받아들이며 모든 이에게도 축복을 보내는 것이다. 인생이 얼마나 다양하게 즐기면서 살아 갈 것이 많은가?

모든 것에는 늘 행복이 있기 때문이다. 늘 새로운 마음가짐으로 자신를 채우다 보면 좋은 일들이 복리처럼 쌓여서 즐겁게 인생을 살아가지 않을까? 늘 인생을 재미있게 놀다가는 것이라고 생각한다. 주변 사람들에게도 좋은 일들을 많이 하고 좋은 생각들로 좋은 계획을 짜서 행동하는 것이 정말로 중요하다. 인생을 즐기고 행복하게 놀다 보면 시간이 훌쩍 지나 갈 것이다. 나의 하루를 늘 보람되는 일 보람 찬 일들로 채워보자. 채우는 것이 얼마나 행복하고 즐거운 일인가? 나의 행복은 내가 찾아 가는 것이다. 누가 채워 주는 것이 아니다. 그러기 때문에 늘 행복한 삶을 살 수 있도록 나의 인생을 세팅해 놓자. 우리는 즐겁고 행복하게 살다 가기 위해서 태어났다고 해도 과언이 아니다. 나의 행복을 쟁취하기 위해 있는 것이다. 어떤 상황이 오더라도 꿋꿋이 이겨 내려는 마음가짐이 중요하다. 모든 일이 순탄치 않았던 이유는 내가 너무 일을 어렵게 생각하고 좋지 못한 생각을 많이 가지고 있어서였다. 그러나 지금은 절대로 나쁜 생각이 들 때 재빨리 생각의 전환을 하려고 노력하며 늘 긍정적인 생각을 하며 재미있는 삶을 놓치지 않는 것이다.

인생은 늘 내 앞에 있는 선물 같은 일들이 있기 때문이다. 내가 이 힘든 일을 겪고 난 뒤에 더 좋은 일 더 멋진 일이 펼쳐질 것을 알기 때문이다. 어떤 이에게도 늘 항상 최선을 다하고 들으려고 하면서 배우려는 자세를 가졌다. 삶이 내가 생각 하는 대로 이루어지지 않는다고 해서 화를 낼 필요도 짜증을 부릴 필요도 없으며 더 좋은 방향으로 발전적인 가능성으로 가지고 내가 할 수 있는 최선의 일을 하자. 하고자 하는 일에서 내가 정말로 이루었다는 마음가짐을 가지고 최선을 다하다 보면 그 꿈을 이룰 수 있을 것이다.

인생의 답은 언제나 내 안에 있다.
누군가가 나의 답을 찾아주는 것이 아니다. 답을 찾기 위해선 항상 내가 나에 대해서 잘 알아야 한다. 삶에 꿈을 이루기 위해선 내가 알고 있는 지인이 아니라 정말로 성공한 사람들을 찾아가서 조언을 듣고 그 조언 아래서 성공을 이루는 것이다. 성공을 해야 내 안의 진정한 답을 찾을 수 있기 때문이다.

그대의 성공을 이끌어줄 멘토가 있는 것도 중요하다. 성공을 위해서는 나에게 정말로 도움이 되는 조언과 성공을 위한 답을 찾아주는 분들을 만나는 것도 정말 행운이라고 생각한다. 내가 정말로 많은 경험을 해봤지만, 정말로 내가 원하고 이루는 것을 찾는 방법으로 내 가슴이 정말로 뛰는 일을 해야 한다는 것이다. 정말로 나를 도와줄 귀인을 만난다는 것 자체가 축복이고 행운인 것이다. 그 답을 찾게 도와주고 쉽게 갈 수 있는 길을 알려줄 수 있는 멘토가 있는 것이 정말로 큰 행운과 행복이라고 생각 한다. 행복을 찾기 위해선 언제나 늘 발전하는 모습을 성공하는 모습을 계속해서 그려가야 한다. 행복은 늘 내 눈앞에 있기 때문이다.

늘 눈앞에 있는 행복을 쟁취하라.

행복은 늘 눈앞에서 대기하고 있을 뿐이다. 내가 그 행복을 쟁취했을 때 얼마나 큰 성취감을 느끼겠는가?

항상 늘 나의 엔도르핀을 돌게 해주는 것들로 채우는 것도 좋지만, 나를 성장시켜주고 충고를 얻는 것도 도움이 될 수 있다고 생각한다. 그것이 나에게 에너지로 배가 되어 돌아올 것이다. 그대를 위한 삶을 찾아서 가는 것이다. 돌다리도 두드려 보고 가야 하며, 나의 행복과 재미를 위해서 긍정적인 생각과 좋은 사람들을 주변에 채우는 것이다. 정말로 기분 좋은 곳에 여행을 가면 새로운 장소에 대한 기대감과 행복감으로 나의 마음이 충만해진다. 그렇게 내 안의 신성이 충만하게 안으로 찼을 때 모든 일에도 순리대로 뜻대로 풀리게 되면 얼마나 좋은가? 인생에 답을 찾을 때에 험난한 길이라고 할지라도 나는 재미있게 놀다가는 것이라고 생각한다. 인생은 즐기기 위해서 인생에 답을 찾아서 놀다 간다고 생각한다. 일을 힘들게 할 필요는 없지만, 인생의 답을 찾기 위해서 내가 원하는 꿈을 이루겠다는 목표는 중요하다고 생각한다.

삶이 주는 선물이 얼마나 값지게 받아들일 마음으로 받아 들여 보는 것이다. 삶은 언제나 나에게 사랑과 행복을 매일매일 보내주고 있기 때문이다. 절대로 부정적인 생각이나 행동을 행하지도 말도 하지 말며, 나의 생각이 말이 되고 행동이 될 수 있기 때문이다. 항상 행동과 말을 조심히 해야 하는 것이다.

내가 긍정의 말과 행동으로 세상을 널리 이롭게 한다면 더 큰 선물이 나에게 주어질 것이다.

인생은 늘 어렵게 생각하지도 행동하지 마라. 늘 자신 주변에 있는 사람들에게 잘하고 좋은 말을 많이 해주자. 내가 하는 생각과 말을 조심하면서 인생을 살아가다 보면 행복한 길이 펼쳐질 것이다. 그대의 삶의 항상 행복과 사랑이 가득하기를 바란다. 삶이 주는 선물 같은 하루를 뜻깊게 받아들여보자. 인생은 좀 더 아름답고 선명하게 당신에게 다가 올 것이다. 나는 항상 원하는 것을 적고 바란다. 어떤 삶이 나에게 올지라도 더 큰 행복이 오는 것이라고 믿으며 그 믿음을 갖고선 한 발자국씩 나아가는 것이다. 좀 더 멋진 인생이 펼쳐질 것이니 말이다. 내가 원하는 목적을 바라보면서 그런 인생이 펼쳐내는 마법 같은 일상을 꿈꾸고 바라자. 언젠가는 그런 멋진 일들이 펼쳐질 것이니 말이다.

자신 삶에서 멋지게 이루어질 마법 같은 일이 어떤 것인지 궁금하지 않은가? 원하는 것을 꿈꾸고 바라보자. 당신이 원하는 것을 가질 수 있으며, 원하다 보면 이루어질 것이다. 실패란 없고 배워가는 것이다. 나를 사랑할 줄 아는 사람이 진정한 승리자이다.

　인생을 늘 베풀면서 사랑으로 보답하라. 정말로 진정으로 자신이 원하고 바라는 꿈이 있으면 편안한 마음으로 자신이 좋아하는 것을 하는 것이다. 자신이 알고 있기 때문이다. 자신을 사랑할 줄 아는 사람이 많은 사람들에게 좋은 영향력이 퍼져서 좋은 일들을 같이 누릴 수 있다고 생각한다. 자신의 마음을 늘 열어두고 긍정적인 생각으로 많은 좋은 것들을 즐기면서 누리라고 꼭 말해주고 싶다. 인생의 답은 자신이 아는 것이기 때문이다. 남이 찾아주는 것이 아닌 자신 안에 있는 신성을 따라 가는 것이다. 가슴이 시키는 일을 하고 늘 생각하고 바라고 꿈꾸면서 하나하나 작은 것부터 실천하면서 감사하는 마음으로 인생을 즐기다가 행복하게 누리면서 살아가는 것이 정말로 멋지게 사는 인생이다.

　삶은 언제나 나에게 많은 것들을 누릴 수 있게 준비되어 있기 때문이다.
　인생은 자신의 행동과 발전가능성을 찾아가는 것이니 말이다. 인생을 즐겁고 행복하게 살아가는 것이니 힘들게 이 세상에 태어난 게 아니기 때문이다. 인생을 늘 보답하는 마음가짐으로 살아가자. 인생을 즐겁고 행복하게 살아가다 보면 인생의 답을 찾을 수 있기 때문이다. 나는 나의 인생에서 우리 가족을 빼놓을 수가 없다. 나의 가족은 늘 내가 행복하게 하는 것이다. 나의 가족을 늘 행복하게 해주는 것이 나의 행복이고 사랑이다. 가족이 있기에 힘듦을 이겨 낼 수 있기 때문이다.

사소한 것 하나하나 감사하면서 살아가는 것이 얼마나 큰 힘이 되는지 모른다. 어렵고 힘든 일이 있을 때마다 감사하는 마음으로 살자. 그 힘듦을 넘어서 더 높은 곳으로 올라설 수 있기 때문이다. 인생은 놀이터라 여기고 즐겁고 행복하게 살면서 주변 사람들에게도 많이 베풀면서 살아가자. 즐거운 인생을 살기 위해서 태어났기 때문이다. 늘 감사하고 사랑하며 많은 것들을 누리는 것은 정말로 행복한 일이기 때문이다.

4

사랑 속에서 사랑이 싹튼다

–

나를 사랑할 줄 아는 자가 사랑이 싹이 트는 것이다. 나를 사랑하는 자가 진정한 사랑을 알아가는 것이다. 진정으로 자신을 사랑해야 남도 사랑하는 마음이 생기고 주변으로 사랑이 전달되는 것이다. 자신이 좋아하는 일을 하면서 진정으로 사랑할 줄 아는 자가 사랑을 알아가는 것이다. 사랑의 답이 언제나 내 안에 있기 때문이다.

자신을 사랑하는 마음은 언제나 내 안에 있다. 가장 가까운 곳에 나의 사랑이 있는 것이다. 사랑에 답은 없다. 나는 진정으로 사랑하는 가족이 있었기에 힘든 일도 버텨서 이겨 낼 수 있었다. 사랑하는 가족은 나에게 커다란 선물 같은 존재다. 가족을 생각하면서 어려움도 이겨 낼 수 있는 힘이 생기는 것이다. 아이들을 위해서 좀 더 발전적인 삶을 살아 갈 수 있는 힘이 생긴다. 어떤 일이든 늘 편안한 마음으로 풍요로운 마음으로 일을 해결해 나아가다 보면 인생에서 주는 선물 같은 일을 받아들일 수 있기 때문이다. 즐겁고 행복한 마음으로 살아가자. 어떤 일이든 해낼 수 있는 힘을 받을 수 있을 것이다. 마음이 정말로 힘들 땐 나의 힘듦을 해결해 줄 수 있는 멘토를 만나서라도 해결하는 방법을 추천한다.

내가 진정으로 원하고 바라는 것을 위해 삶을 바꿔 줄 수 있는 멘토를 만나는 것 또한 큰 행운이니 찾아가는 것이다.

나의 힘든 감정을 가족에게 표현하는 것보단 내 감정을 내가 알고 스스로 표현하면서 해결할 수 있는 방법을 찾아서 감정을 잘 소비하는 것도 중요하다. 내가 해결할 수 없는 답을 안고선 살아가기보단 그 답을 해결해 줄 수 있는 사람을 찾아서 나의 문제를 해결하는 것이 중요하기 때문이다.

힘들 때에는 정말로 답을 찾을 수 있는 방법을 찾아라. 그러다 보면 힘들었던 일이 끝나고 핑크빛 인생이 기다리고 있기 때문이다. 조금 힘들고 고되더라도 참고 견디다 보면 그 일을 이겨 낼 수 있는 힘이 생길 것이다. 인생의 답은 언제나 내가 정하는 것이다. 누가 나에 대해서 무슨 말을 하든 그것은 너 자신이 아니기 때문에 모를 뿐이다. 진정한 삶의 정의는 자신이 찾아가는 것이지 누가 찾아주는 것이 아니기 때문이다.

답을 찾아서 가다 보면 더 큰 나로 성장해 나갈 것이다. 나는 어떤 일이든 실패 속에서도 무언가를 배우기를 바란다. 답은 언제나 내가 알고 있기 때문이다. 나는 언제나 질문을 하고 답을 찾으면서 살아왔다.

그 해답은 책에서도 찾을 수도 있지만, 사람에게서 얻는 것이 정말로 크다는 걸 알았다. 정말로 내가 원하고 꿈꾸는 삶을 살아갔던 사람이 찾아가는 것이다. 그대를 위해서 나는 언제나 성공을 바라고 원하는 것을 꼭 얻기를 바라는 마음뿐이다. 즐겁고 행복한 마음으로 살아가자. 힘듦은 풍요로운 마음과 행복한 마음, 즐거운 마음, 즐기는 마음으로 해결하는 것이다. 어떤 삶의 고난이 닥치더라도 그 삶을 이겨 낼 수 있는 큰마음을 가져야 한다. 감사한 마음을 가져야 어떤 일이든 감사한 일들이 생기기 마련이다.

감사한 마음으로 살아가다 보면 인생은 어떤 삶이 주든 감사한 일들로 가득할 것이다.

감사한 마음을 가지고선 감사하게 받아들이자. 작은 것 하나하나 감사한 마음이 더 커져서 더 감사한 일들이 생기기 때문이다. 그러니 감사한 마음을 가지고 살아가자.

어떤 일이든 사랑하는 마음이 커져서 좋은 일들이 눈덩이처럼 커져 몰려오기 때문이다. 사랑하는 마음이 어떤 것이든 해결하고 살아가는 마음이 생기기 때문이다. 자신을 위한 마음을 담아서 이 책을 쓰면서 언제나 당신에 앞날에 장밋빛이 화려한 멋지고 아름다운 길을 걷기를 바란다. 그대를 위한 삶을 어떤 고난을 찾아가지 않기를 바라며, 고난이라는 생각을 하지 말고, 항상 밝은 미래와 긍정적인 삶이 주는 멋진 미래를 그려 나아가 보자. 그대가 어떤 길을 걷든 멋진 인생의 앞날이 펼쳐질 것이다.

그대를 위한 준비되어 있는 멋진 삶과 인생을 늘 품고선 그려보자. 인생은 더 멋지고 아름답게 이루어져 있을 것이니. 그대를 위한 답은 꼭 찾아가기를 바란다.

제일 먼저 중요한 것이 자기 자신을 사랑하는 것이다.

자기 자신을 사랑해야 남도 사랑할 줄 알기 때문이다. 인생은 언제나 아름답고 행복한 미래는 그대를 위해서 언제나 준비되어 있기 때문이다. 삶이 어떤 것을 주든 감사하자. 기분 좋은 아침을 맞이하고 기분 좋게 일을 하고 행복해하며 인생을 아름답게 살아가는 것이다. 절대로 부정적인 생각과 말과 행동은 하지 말자.

인생에 답은 정해져 있는 것이다. 바로 나에 대한 멋진 인생과 멋진 하루하루이다. 하루를 보내다 보면 인생은 언제나 그대를 위해서 준비되어 있기 때문이다. 그대만 준비되면 선물 같은 하루와 기회들이 물밀듯이 들어오기 때문이다. 인생에 답은 언제나 정해져 있으며 그 답을 찾는 것 또한 본인이기 때문이다.

좋은 일들이 그대 눈앞에서 물밀듯이 들어오기 때문이다. 이때 자신이 생각하고 어떤 일을 이룰지 구체적으로 생각하는 것이 정말로 중요하다.

나에게 인생의 답을 찾을 수 있기 때문이다. 답이 정해져 있는 것이다. 늘 나는 성공했고, 모든 일이 잘될 것이며 인생에 멋지고 좋은 일들이 이루어져 갈 것이라고 말이다. 삶이 답을 주지 않더라도 자연스럽게 편안한 마음으로 하루하루를 살아가다 보면 인생은 나에게 너무나 멋지게 큰 선물을 줄 것이다.

항상 좋은 말과 행동과 생각을 하라.

어떤 일이든 용기를 가지고 삶을 이겨 낼 수 있을 것이다. 삶은 언제나 그대를 위한 선물을 준비하고 있다. 늘 사랑하는 마음과 사랑받는 마음으로 먼저이다. 나는 늘 모든 일에 감사하고, 사랑하며, 행복한 마음으로 삶을 꾸려나간다.

그대를 위한 삶이 어떻게 펼쳐질지 궁금하지 않는가?

나는 사랑하는 마음은 언제나 품고선 사랑을 전달하는 만큼 더 크게 나에게 사랑으로 돌아오기 때문이다. 삶이 어떻게 나에게 주어지든 나는 더욱 행복하기를 바라기 때문이다. 내가 진정으로 행복하고 사랑하는 일을 찾아가는 것이다. 삶이 그대를 위해서 많은 선물을 준비하고 있기 때문이다. 그러니 언제나 삶에서 늘 즐겁고 행복하기를 바란다.

행복한 마음이 커져서 더 좋은 일들로 이루어지기 때문이다.

삶에 있어서는 늘 즐겁고 행복하고 재미있는 삶을 즐기자 그대를 위해서 언제나 삶은 즐거움을 주기 위해서 하루가 존재한다고 생각하면 된다. 인생을 즐기면서 행복하게 살아가다 보면 답은 그대를 위해서 저절로 찾아올 것이다.

자신을 소중하게 여기고 남도 나의 가족과 같은 마음으로 대하다 보면 모든 인간관계에서도 큰 도움이 될 것이다. 그대를 위해서 삶이 어떻게 주어지든 간에 인생에는 늘 그대를 위해선 항상 나눔을 실천하고 사랑과 행복을 서로에게 나눠 준다고 생각하면 된다.

그대는 어떤 삶을 살고 싶은가?

스스로에게도 한번 물어보고 구체적인 삶의 방향을 잡아가라. 그래야 내 목표의 방향에 맞춰서 인생을 펼쳐 내는 것이다. 너무 속도를 내면 어떤 일이든 잘 해결되지 않기 때문이다. 답은 그대를 위해서 언제나 준비되어 있다. 받아들일 수 있기만 한다면 말이다.

나는 언제나 좋은 생각과 말과 행동으로 꿈을 이루는 나의 이루어져 있는 모습을 그린다. 그대를 위해 삶이 주는 것들은 모두 소중히 여기며 꿈꾸며 살아가자.

나는 나의 미래가 이미 정해져 있다는 것을 알기에 당당하게 어떤 문제이든 해결하면서 더 높은 곳으로 디딤돌 삼아서 나아가기 때문이다. 나는 나를 사랑하는 방법으로 나에 대해 정확히 알아야 한다고 생각한다. 내가 좋아하는 것이 뭔지 내가 어떤 일을 할 때 행복한지 내가 사랑하는 가족을 위해서 무엇을 할 때 기분이 좋은지 알면서 나를 스스로 사랑하고 사랑하는 방법을 배우자.

자신에게 맞는 일이 있다. 자신에게 맞는 일이란 속도는 중요하지 않으며 바로 방향을 잘 잡아서 찾아 가는 것이다. 인생의 답은 사랑하는 사람과 사랑하면서 가족과의 화합과 도모를 하는 것이다. 가족이란 정말로 나의 인생에서 많은 비중을 차지하기 때문이다. 내가 먼저 자신을 사랑하고 사랑받는 사람이 되어보자.

그렇게 살다 보면 정말로 사랑하는 삶을 살게 될 것이다. 삶이 어떤 선물을 줄지는 그대가 어떤 방향으로 나아가느냐에 따라서 달라지는 것이다.

즐겁고 행복한 일로 나의 인생을 설계하는 걸로 버킷리스트를 작성해 보는 것이 어떠한가? 인생에서 답을 찾는 것이 얼마나 중요한지 아는가?

인생을 되짚어 보다 보면 답은 크게 정해져 있다. 나의 실생활에서도 사랑을 전달해보자. 사랑이 더더욱 커져서 멋지게 펼쳐질 것이니 말이다. 그대가 원하는 꿈을 꾸고 바라고 이룬 모습이 선명히 그려질 것이니 말이다. 나에게 정답은 우리 가족을 위한 성공이다. 그대를 위해서 정한 답은 언제나 그대가 정하는 것이다. 나만의 답은 내가 찾는 것이며, 그 답을 찾으면, 그 꿈을 이루어줄 멘토를 찾아보자.

그대를 위한 삶이 늘 언제나 눈부실 것이다. 즐겁게 인생을 술술 풀어 나아가 보자. 그러다 보면 내가 원하는 답이 나와 있을 것이다.

5

나와는 거리가 먼 당신과 나

–

　힘든 관계에서 나를 억지로 맞출 필요는 없다. 이 세상에 100% 맞는 사람은 없으며 서로 존중하고 배려하면서 인생을 살아가는 것이다. 서로 자라온 환경이 어땠는지 모르고 살아온 모습이 어땠는지도 모르고 부모님의 양육방식이나 어렸을 때 주변 환경에 따라서 나의 성격이 바뀐다. 우리는 어쩔 수 없이 사회생활을 하면서 사람들과의 인간관계를 맺으면서 살아가지만, 그렇다고 해서 인생을 나와 맞지 않는 사람들과 함께 억지로 맞출 필요는 없다. 맞지 않는 사람들과 억지로 맞추는 데 나의 에너지와 나의 감정을 소비하지 말고, 상대방의 배려차원에서도 서로 억지로 맞춰서 인생을 낭비할 필요는 없다. 나와 맞지 않는 사람들과의 관계에서 나의 시간을 억지로 소비할 필요가 있을까 싶다.

나와는 성격이 안 맞는 사람과는 서로와 적당한 거리를 두고선 지내는 것이 좋다고 생각하며 삶에 있어서 발전적으로 나아가는 길이라고 생각한다. 성격도 맞지 않는 사람과 억지로 성격을 맞추어서 감정소모를 한다는 자체가 얼마나 무의미한 일인가. 나는 나에게 소중한 가족과 상대방에게도 소중한 가족이 있다. 자기와 맞지 않는다고 비방을 하거나 헛소문을 퍼트리는 거는 옳지 않다고 생각한다. 주변 사람들에게도 선한 영향력을 주면서 내가 성장해 가는 길이라고 생각하면 된다. 우리는 사회생활을 하면서 굳이 맞지 않는 사람과의 관계에서 억지로 부딪치면서 상대방과의 감정싸움을 하는 것 자체가 너무 안타까울 뿐이다. 친한 사이에서도 적당한 거리가 필요하듯이 맞지 않는 사람일수록 서로 조심해야 한다.

나와 상대방과의 서로의 예의를 지키는 것이다. 그런 감정소모를 할 바엔 나의 취미생활 나의 활력소를 찾을 수 있는 것을 찾아서 더 발전적인 모습으로 나아가는 것이 나에게 더 큰 도움이 된다고 생각한다. 당신은 매일 매일 멋진 하루를 보낼 충분한 자격이 있는 사람이다.

사람들과의 관계에서도 선한 영향력을 주면서 성장하고 같이 도움을 받으면서 커 가는 것이다. 이렇게 도움이 되는 사람으로서 도움이 필요한 사람들을 도와준다는 것이 얼마나 뜻깊은 일이겠는가? 늘 즐겁고 행복한 일들로 나의 하루를 매우 보람되게 채워나가자. 삶은 언제나 나에게 성공을 안겨다 주기 때문이다.

나는 맞지 않는 사람과 억지로 상황을 맞출 필요도 없고 서로 전혀 도움이 되지 않는다고 생각한다. 서로 도움이 되는 상황을 만들기 위해서는 도움이 되는 방향을 잘 찾아서 발전 가능성을 찾는 것이라고 생각한다.

그저 상황이 주어지는 것에 감사하며, 모든 일이 잘 풀릴 것이라는 마음가짐으로 편안하게 하루하루 매일 조금씩 성장하는 패턴을 만들어보자. 그렇게 만들어 가다 보면 인생이 장밋빛인생으로 펼쳐지기 때문이다. 인생을 늘 아름답고 행복한 하루하루를 보내보자. 내가 성장해 가는 것조차도 행복이기 때문이다. 나는 취미생활을 하거나 여행을 하거나 나의 자기계발을 하면서 점점 더 행복한 습관 루틴을 만들어보는 것이다. 행복한 생각도 습관이기 때문이다. 늘 행복한 매일매일을 보내는 방법으로 자기만의 루틴을 만드는 것이 정말로 중요하다. 한 달에 한번 씩 여행을 가는 것도 힐링이며, 맛집을 찾아가는 것, 특별한 나에게 특별한 선물을 주는 것도 행복이고, 재미있는 영상을 보는 것, 좋은 책을 읽는 것, 맛있는 커피숍에 가는 것 또한 힐링이다. 인생에 답은 없다.

나에게 맞는 답은 내가 찾아가는 것일 뿐이니 삶이 주는 선물에 감사한 마음은 절대로 놓치지 말자. 감사한 마음 자체가 마법을 일으키기 때문이다.

정말 어떤 어려움과 힘든 상황을 이겨 낼 수 있는 마법 같은 것이 바로 감사하기다. 나는 정말로 힘든 상황에서 감사한 마음을 절대로 잊어버리지 말자. 나에게 정말 감사하는 힘이 얼마나 컸는지 모른다. 그대를 위한 삶을 언제나 방향을 잡고선 찾아가자.

그대를 위한 멋진 선물 같은 인생이 기다리고 있을 테니 말이다. 원하는 꿈이 있거나 원하는 것을 이루는 데 그 분야의 전문가의 조언을 얻는 것이 큰 힘이 된다. 나는 실패가 자신을 더 성장시켜주는 디딤돌이라고 생각한다.

나에게 성공과 성장은 정말 멋진 말이다.

인생이 너무 아름답고 행복하기 때문에 인생을 즐겁고 행복하게 보낼수 있기 때문이다. 그대를 위한 삶을 누가 찾아 주겠는가? 자신을 찾는것이다. 성공하기 위해서 자신이 답을 찾아가는 것이다. 나와 맞지 않는사람과 나의 꿈에 대해서 전혀 공감해주지 못하는 사람과의 대화를 하는것 또한 상대방도 힘들고 나 자신도 힘들 것이다. 나와 꿈이 맞는 분들과함께 삶이 주는 선물을 받아들이고 행복하게 살아가자.

행복한 마음도 습관이다. 늘 행복한 마음이 들지 않겠지만, 행복한 마음을 습관처럼 가지기 위해서 자신만의 루틴을 꼭 완성해보자. 그럼 일에 대한 능률도 엄청나게 올라 갈 것이니 말이다. 아침 시작이 좋아야 행복한 하루를 보낼 수 있기 때문이다. 늘 즐거운 마음으로 행복하게 살아가는 것이다. 자신의 행복을 응원해주고 사랑해주는 자신만의 꿈맥 친구를 만드는 것도 강력 추천한다. 나와 함께 성장하고 꿈을 꾸는 친구들과함께 걸어간다는 자체가 얼마나 멋진 일인가? 삶이 주는 선물 같은 시간을 서로에게 좋지 않은 감정을 품고 보낸다는 것 자체가 너무 안타깝고슬픈 일이지 않겠는가?

행복한 습관으로 간단하게 운동을 하거나 산책을 하는 것을 추천한다. 나에게 좋은 방향성을 찾아주고 나에게 좀 더 발전 가능성이 있는 하루를 채울 수 있기 때문이다.

인생에서 답을 찾는 것이 얼마나 소중한 감정인지 모른다. 그런 소중한 나의 감정을 안 좋은 감정과의 다툼, 미움, 질투, 화, 괴로움, 자책, 안 좋은 감정으로 채우지 말고 항상 늘 밝고 긍정적인 삶을 살아가는 것이다.

얼마나 나의 인생이 소중하며 상대방이 아무리 나와 맞지 않고 상대방이 나에게 좀 더 안 좋은 영향력을 준다고 해서 서로 똑같이 나쁜 감정을 가질 필요는 없을 것이다.

늘 나는 첫 번째로 항상 중요한 것이 나의 감정과 행복한 마음을 컨트롤할 줄 알아야 하는 것이다. 내가 아무리 힘들고 지치고 괴로워도 잠시일 뿐이다. 더 좋은 일들이 오기 전에 잠깐 비바람이 칠 뿐 그것 또한 지나갈 것이며 그것을 넘어서 내가 더욱 성장할 수 있는 기회가 되는 것이다.

소중한 그대의 하루를 늘 소중히 여겨라.

그러면 상대방도 당신의 소중한 하루를 소중하게 여길 것이다. 그대의 삶을 언제나 축복하며 항상 다른 이에게도 축복을 보내라. 엄청난 축복을 동시다발적으로 받을 것이다.

삶이 주는 목표를 절대 잊지 말고 고난과 역경을 디딤돌 삼아서 넘어가라 인생이 당신을 더욱 좋은 곳으로 안내를 해주는 것이니. 성공을 멈추지 마라 그대는 멋지게 성공하고 비상할 것이다. 인생이 얼마나 소중하고 아름다운가. 그대의 삶에 축복이 함께할 것이다.

그대는 충분히 멋지고 가치 있고, 아름다우며 사랑스럽다. 사랑스러운 당신의 삶에 어둠에 져서는 안 된다. 밝은 미래가 당신을 기다리고 있기 때문에 주저앉지 말고 딛고 일어서 성장하라. 그대가 멋진 성장을 하면 주변 환경과 주변 사람들 또한 멋지게 도움을 줄 수 있는 성공자가 될 것이니 말이다. 그대를 항상 소중히 아끼고 소중히 사랑하는 것이다. 누구에게나 힘듦은 찾아온다. 하지만 그 힘듦을 어떻게 이겨내고 성장하고 성공하는 것에 달려 있다.

삶이 주는 고난과 역경에 절대로 넘어져서 주저 하지 말고 당당히 일어서서 나아가라고 하고 싶다. 그대는 소중한 사람이기에 좋은 시간들로 자신을 채우고 좋은 나날이 보내는 것이 정말로 좋은 일들이 올 것이기 때문이다. 그대를 위한 삶을 위해서 늘 항상 자신이 바라는 꿈을 가지고선 한 발 한 발 내딛어 보자. 좋은 일들로 계속해서 이어지기 때문이다. 늘 행복한 생각과 행복한 일들로 인생을 채우자. 모든 일이 행복하게 이루어질 것이니 말이다. 그대는 너무나 소중하고 아름다운 존재이고 빛나는 존재이다. 기죽지 말고 당당히 일어서서 자신만의 길을 찾아 나서는 것이다. 그러다 보면 인생이 봄날처럼 빛날 것이니 말이다. 소중한 존재이기 때문이며, 이 세상에는 좋은 것들이 많이 준비되어 있기 때문에 항상 남을 봉사하는 마음 사랑하는 마음으로 대하자. 그러면 더 풍요롭고 아름다운 것들로 내 주변이 채워 질 것이니 말이다. 그러니 자신이 좋아하는 일을 하면서 내가 이루고 싶은 것을 늘 준비하고 있어라. 그러면 모든 것이 잘 될 것이니 말이다. 그대를 위한 삶은 매우 소중하므로 남을 위해서 희생할 필요는 없으며 서로에게 시너지를 받으면서 자신이 원하는 모습으로 성장하는 것이다. 인생은 자신이 원하는 방향으로 늘 도전하고 다른 사람 인생에 폐 끼치지 않으며, 자신이 좋아하는 취미생활을 가지고선 삶의 원동력을 삼아서 도전하는 것이다.

내가 좋아하는 것 내가 사랑하는 것들이 모여서 더 큰 나로 성장할 수 있는 발판이 된다고 생각하며, 내가 안 해 본 새로운 도전, 새로운 취미, 새로운 길, 새로운 생활패턴, 새로운 습관들을 하나씩 쌓여 갈 때마다 달라지는 나의 모습을 확인하는 것은 그 자체가 힐링이며, 삶의 원동력이다. 삶은 좀 더 아름답고 다른 사람들에게도 서로에게 좋은 에너지를 주고받으면서 성장하는 것이며, 서로에게도 플러스가 될 수 있는 관계가 서로에게도 좋은 것이다. 그거야 말로 인생이 즐겁고 행복한 삶이 아닐까? 서로에게 에너지를 뺏어가고 그 사람의 삶에 악영향을 준다고 해서 얼마나 인생이 행복하겠는가? 그런 관계는 서로에게도 도움이 안 되고 시간 낭비라고 생각하며, 그런 인생을 사는 것보단 서로 같은 꿈을 꾸고, 같은 행복의 길로 가야 한다고 생각한다.

PART 4

그대가 있기에 세상은 밝다

1

인생의 퍼즐을 완성하라

–

모든 순간이 찬란하게 빛날 수 있는 날을 살아가는 것이 얼마나 소중
한 것이 모르겠다. 나는 매일 매일 가족들과 함께 보낼 수 있어서 너무
행복하고 감사할 뿐이다.

세상 모든 일이 찬란한 빛과도 같다.

자신을 위한 삶을 사는 것이 매순간이 소중하며, 이 책을 읽고 있는 당

신도 찬란하게 빛나는 삶이 주는 많은 것을 누릴 수 있다. 어떤 삶의 장애물이 있더라도 그것을 디딤돌로 삼을 수 있는 순간이 온다.

　모든 순간을 축복으로 여겨라. 그 순간들이 찰나를 지나 더 큰 세상을 나에게 보여줄 것이니 말이다. 세상은 당신이 있기에 밝은 것이다. 세상은 밝은 세상을 바라고 원하는 사람들이 세상을 밝게 빛나게 해주는 것이다. 그대를 위한 삶을 위해서 나를 멋지게 날아 올라가게 해주기 위해서 더 나를 빛나게 해주는 것이다. 그대는 언제나 세상에 제일 빛나고 세상에서 제일 커다란 사람으로 성장해 있을 것이다. 인생은 내가 원하고 바라는 것들로 이룰 수 있는 것들로 채워 준다고 할 수 있다. 세상은 더 큰 나에게 선물처럼 다가와서 선물처럼 올 것이니 말이다. 선물을 기꺼이 받을 수 있기만 하면 된다. 선물을 받을 때마다 성취감과 자존감이 올라가는 것이고 그것이 멋진 자신이 완성해주는 것이다. 나의 미래를 완성되어 있다는 마음가짐으로 모든 순간을 찬란하게 빛나는 나날을 보내라. 그렇다면 인생은 다채로워질 것이니 말이다. 그대는 언제나 사랑 받기 충분하며 사랑받기에도 당연한 존재이기 때문이다. 그대를 위해서 많은 것을 누릴 것들이 준비되어 있으니 그중에서 제일 소중한 당신이다. 항상 좋은 것들로 자신의 주변을 채우고 좋은 생각과 좋은 말과 좋은 기분을 유지하라. 그것이 참으로 중요하다. 늘 주변 사람들에게 많이 베풀고 감사하라. 당신과 함께할 수 있는 사람들이 있기에 감사할 수 있다. 늘 좋은 사람들과 함께 지내면서 좋은 일을 많이 하자.

나는 검손한 것이 제일 중요하다고 생각한다. 늘 항상 감사하며 가족들에게 감사하고 많은 주변인들을 살뜰하게 챙기는 것 또한 정말 멋진 일이다. 나는 어떤 점에 포커스를 맞춰서 일을 하느냐가 정말 중요하다고 생각한다. 늘 가족을 소중히 하는 사람이 정말로 소중한 당신을 만들어 가는 것이다.

첫 번째로 가족이고 두 번째도 가족이다. 늘 나는 신랑이 있기에 너무 감사하고, 아이들이 있어서도 너무나 감사하다. 우리 아이들이 있기에 감사하는 마음이 늘 있다.

사랑하는 우리 가족들이 있어서 내가 힘든 역경을 이겨 낼 수 있었던 힘이다. 늘 우리는 참으로 힘든 것도 가족이지만, 힘든 과정을 겪으면서 우리도 같이 성장해가는 것이다. 하지만 그렇게 문제를 벗어나서 교훈을 얻는 것이 정말로 중요하다. 늘 행복한 일상과 행복한 나날을 보내기를 바라며 어떤 것들로 인해서 절대로 무너지지 말라. 그것들로 인해서 자신이 무너지지 말고, 성장해서 커가는 모습으로 나아갈 것이라고 생각하라. 그대를 위한 삶은 언제나 찬란하게 빛나는 것이기 때문이다. 삶에서 주는 것들에서 교훈을 얻고 늘 배우는 자세로 커야 한다. 삶은 나에게 더 큰 나로 성장해 갈 수 있는 길을 만들어 주는 것이라고 생각하는 것이다.

늘 자신이 꿈꾸고 바라는 삶이 있다고만 생각하라. 나는 그것들이 주는 선물 같은 나날이 보낼 때마다 얼마나 행복한지 모른다. 늘 사랑하고 좋은 인연을 많이 만들고 자신과 같은 꿈을 꾸는 사람들과 함께 같은 길을 걸어가는 것 또한 매우 큰 기쁨이다. 그 길을 따라서 가다 보면 늘 행복한 일상이 가득할 것이니 말이다. 그대를 위한 삶은 언제나 밝은 미래만 있을 것이다. 그대를 위한 삶을 언제나 축복처럼 보내라. 축복 같은 일들이 일어날 것이다. 나는 항상 나의 가족을 위해서 행복한 나날을 위해서 꿈꾸며 살아가고 있다. 그 꿈을 위해서 더 발전하고 더 큰 나로 성장할 수 있는 기회를 가질 수 있음에 감사하며 항상 늘 매일매일 건강하게 일어날 수 있음에 감사하다. 나의 주변을 사랑하는 것들, 행복을 주는 것들로 채워라. 그것이 엄청난 시너지가 돼서 당신에게 좋은 것들로만 채워지게 될 것이니 말이다. 충분히 늘 사랑받기 충분하며 늘 행복할 수 있는 것들이 많이 있기 때문이다.

나는 늘 좋은 생각과 말로 행동을 하려고 한다. 당신에게 좋은 사람들이 많다는 것은 그만큼 좋은 일들이 많이 생긴다는 것이다. 나에게 안 좋은 영향 줬던 사람들은 정리가 되고 좋은 사람들로 채워지게 될 것이니 말이다. 그대를 위한 삶을 늘 행복하고 아름답게 채워라. 나와 당신은 충분히 좋은 것들과 사랑받기 충분하기 때문이다. 나는 늘 나 자신에게 매우 감사하며 좋은 일들이 가득할 수 있음에 감사하다. 항상 자신에게 소중하고 자신이 좋아하는 일들을 하라. 그러면 좋은 것들로만 당신에게 좋은 영향력을 주면서 돌아오기 때문이다. 늘 행복한 생각과 행복한 마인드로 살아가는 것이다. 행복한 인생을 꿈꾸면서 바라면서 살아가다 보면 좋은 일들이 가득할 것이니 말이다. 나는 나의 경험과 내가 정말로 소중한 것들을 생각하는 마음으로 살아가면 나에게 꿈과 같은 일들이 벌어질 것이니 말이다.

그대를 위한 삶을 살아라. 당신은 충분히 소중하고, 충분히 가치 있고, 충분히 소중한 존재이기 때문이다. 나는 원하는 모든 것을 가질 능력이 충분하다고 생각한다. 사람들에게도 좋은 마음가짐으로 살아가다 보면 다 그것이 좋은 영향력으로 나에게 돌아오는 것이다. 나는 모든 것이 나에게 얼마나 많은 것들을 주어졌는지 모른다. 어떤 것들이 나에게 주어졌든 나에게 극복할 수 있는 것들만 나에게 고난을 주며 성장할 수 있는 길을 열어준다. 행복한 순간을 늘 행복한 미래가 기다리고 있으며, 고난을 나를 더 높은 곳으로 올려주는 디딤돌이라고 생각하며, 더 멋지고 더 크게 성장해 나갈 것이니 말이다. 나에게 가족은 나에게 정말로 큰 원동력이다. 그리고 그런 가족이 나에게 얼마나 소중한 많은 것들을 이루게 해주었는지 모른다. 가족들에게 늘 감사한마음, 사랑하는 마음, 소중한 마음으로 매일매일 행복하게 시작하라. 그런 마음이 정말로 얼마나 중요한지 모른다. 나는 우리 가족이 있기에 정말로 큰 디딤돌이 되어 주었다.

사랑하는 삶을 사는 것이 얼마나 중요한가?

그대를 위한 삶을 위해서 더 크게 더 멋지게 도달하는 것이다.

인생은 그렇게 완성되는 것이다. 나는 소중한 우리가족이 풍요롭게 살기를 우리가족이 더 멋지게 성장할 수 있기를 바라는 마음이다. 자신의 성공은 더 빛나게 해주는 찬란한 나날을 보내게 해주는 정말로 큰 원동력이라고 할 수 있다.

자신을 소중하게 생각하는 사람들로 주변을 채워라.

그렇게 하다 보면 나의 자존감도 올라간다. 소중한 나를 만들어 가는 것 중에 하나이기 때문이다. 그대를 위한 삶을 위해서 더 멋지게 도달할 수 있는 시너지를 만드는 것이 얼마나 중요한가?

삶의 다양한 상황을 이겨 낼 수 있는 힘은 분명히 내 안에 존재하며, 그 힘듦을 벗어나게 해주는 것 또한 내 안에 있다. 어려운 고난에서 절대로 지지 마라. 그 어려운 고난을 통해서 더 큰 나로 성장해 나갈 것이니 말이다. 원하는 모든 좋은 것이 당신이 원하면 좋은 위치에서 좋은 때에 맞춰서 나타날 것이다. 그렇게 인생은 늘 사랑하는 마음으로 살아가라.

늘 소중한 마음으로 늘 찬란하게 빛나는 마음으로 살다 보면 더 밝은 미래가 당신을 기다리고 있을 테니 말이다. 당신을 항상 소중하게 다루고 소중하게 생각하며 소중한 나날을 맞이할 준비를 하라. 행복한 마음도 습관이다. 행복한 마음으로 인생을 멋지게 살다 보면 멋진 행복이 늘 바로 앞에 준비되어 있을 테니 행복하게 인생을 살아가자. 인생을 행복하고 멋지게 살다 보면 인생은 더 큰 행복이 주어지게 될 것이다.

행복한 마음을 상대방에게 줌으로써 더 행복이 오는 것이다.

항상 좋은 마음가짐으로 나의 주변 사람들을 챙기고 항상 좋은 마음가짐으로 행복하게 인생을 즐겨라. 당신은 충분히 행복할 가치와 행복하게 살아가기 충분하기 때문이다.

늘 자신을 제일 생각하는 것 또한 가족이다. 가족을 늘 사랑하는 마음으로 대하라. 원래 가까운 가족일수록 더 편하기 때문에 말이 쉽게 나올 수 있다. 그렇지만 그럴수록 가족 간의 예의를 지켜야 한다. 서로 맞지 않아서 다툴 수도 있지만 절대로 거기서 끝을 내면 안 된다.

가족 간의 사이에서도 배우는 것이다. 서로 조심할 것들은 조심하면서 서로에게 안식처가 되어 주면서 지내는 것이다.

행복은 그렇게 오는 것이다.

늘 사랑하는 마음가짐으로 행복한 마음가짐으로 인생을 즐기다 보면 인생은 더 멋지게 올 것이니 말이다. 그런 삶이 주는 것들로 나를 채우는 것이 정말로 중요하다. 사랑하는 가족과 아이들이 있기 때문에 너무 행복한 나날을 보낼 수 있는 것이다.

나는 늘 행복 우리 가족이 있기에 너무 행복하고 감사하다.

행복한 마음가짐으로 세상을 살아갈 수 있기에도 감사하며 늘 좋은 일들을 나눌 수 있어서 감사하며 좋은 인연을 만날 수 있음에 감사하다. 당신에게 주어지는 것들 모두에게 감사하라. 사랑하라. 베풀어라. 늘 자신의 좋은 것들로 주변을 나누어라. 그렇게 더 큰 나로 성장하는 것이다. 주변이 좋은 일들이 많이 일어날수록 좋은 날들이 많이 생기는 것이다. 나는 그런 주변을 채울 수 있음에 감사하며 좋은 사람들이 있음에 감사하다.

행복한 나날을 보낼 수 있음에 감사하라. 소중한 내 인생이 멋지게 더 크고 좋은 일들로 채워지기 때문이다. 두려워하지 말며 자신이 좋아하는 것들, 나에게 더 선물 같은 것들로 채워라.

그렇게 인생을 만들어라. 얼마나 멋지겠는가?

모든 인생에 있어서 세상에 제일 멋지고 행복한 나날로 채우는 것이 정말로 중요하다. 당신에게 더 크게 좋은 것들로 채워질 것이니 말이다. 많은 것들로 성장하는 나 자신을 채워라. 그렇게 인생이 완성되는 것이다. 나는 나와 당신이 좋은 것들로 채워질 것을 안다. 행복한 나날을 보낼 수 있기에 행복하다. 세상은 늘 좋은 마음가짐이 얼마나 중요한지 모른다. 세상에 행복하게 인생에 퍼즐을 완성하는 것이다. 그렇게 인생을 더 좋은 일들로 채우는 것이다.

2

좋은 감정은 나의 생각에 달려 있다

–

감정은 나의 생각에 달려 있다. 행복한 나날을 늘 준비하고 행동하라. 그렇게 인생이 더 멋있는 나날이 준비되어 있을 테니 자신의 감정을 잘 아는 것도 좋으며, 통제하고 자신의 감정에 대해서 좀 더 자신의 감정에 따라서 행동도 달라지기 때문이다. 그렇게 인생 더 멋지고 행복하게 만들어지는 것이다. 늘 나는 좋은 생각과 행복한 마음으로 인생을 만들어 가는 것이라고 생각한다.

매일매일 행복한 마음으로 인생을 만들어가라. 나는 늘 행복한 감정은 나의 생각에 달려 있다고 생각한다. 더 멋있는 삶을 만들어가라.

　늘 좋은 마음가짐으로 좋은 인생을 만들어라. 나는 내가 만들어가고 싶은 인생은 내가 만들어가는 것이다. 인생은 더 크고 멋지게 완성하라. 사랑하는 우리가족들과 함께하면 행복은 두 배로 커지는 것이다. 행복한 감정도 습관인 것처럼 행복하게 삶에 대해서 자신이 좀 더 자신감을 가지고 통찰하고 나날이 좋아지는 것 또한 큰 행복이다.

　늘 좋은 생각과 행복한 마음으로 인생을 늘 느끼면서 행복하게 살아가는 것이다. 일상적인 일상에서 내가 어떻게 삶을 살아가느냐에 따라 미래가 달라지기 때문이다. 나날이 조금씩 삶의 패턴을 바꿔가는 것 또한 매우 좋다고 할 수 있다.

　인생을 정말 행복하게 살아가다 보면 멋진 인생이 될 것이니 말이다. 그럼 행복은 저절로 높아지고 올라가는 것이니 말이다. 행복한 마음도 습관이다. 늘 좋은 일들이 가득하게 바라면서 사는 것이다. 우리는 충분히 풍요를 누릴 자격이 있으며 충분히 행복한 일들로 가득 채울 수 있는 것들이 많기 때문이다. 늘 행복하고 행복한 감정으로 살아가라. 그것이 위대한 것들로 채워지게 될 것이니 말이다. 행복하게 살아가는 것이 그만큼 나에게 큰 선물처럼 다가오게 될 것이니 말이다. 주변사람들에게 행복한 마음이 전달되어야 한다. 그래야 행복한 일들이 가득하게 일어나기 때문이다.

나에게 안 좋은 감정으로 살아가는 것이 아니라 행복한 마음가짐으로 행복하게 살아가는 것이다. 그것이 행복한 마음에 습관인 것이다. 늘 행복한 일들로 자연스럽게 내가 원하는 방향으로 달라질 것이다.

그러면 더 좋은 일들이 배로 커지게 될 것이다. 그 자리에서 안주하기보다는 성장하는 것을 택하라. 그래야 인생이 즐겁고 행복한 일이 더욱 멋지게 커지게 될 것이니 말이다.

인생은 정말로 행복하게 살아가는 것이다. 늘 똑같은 패턴으로 인생을 사는 것이 아니라, 내가 삶을 이끌어 간다는 마음가짐으로 사는 것이다. 행복한 마음도 습관인 것처럼 늘 행복하게 내가 뭘 좋아하고 내가 뭘 사랑하는지 자신이 어떤 것을 할 때에 행복한 감정을 느끼는지 알아가는 것이다. 그렇게 인생은 점점 더 좋은 나날로 만들어지는 것이다.

늘 행복한 감정으로 나날이 준비하라. 얼마나 멋진가? 인생이 더 크게 멋지게 만들어가는 것이 말이다. 어떻게 멋있게 인생이 잘 풀릴지 기대하는 것이다.

그대는 충분히 그럴 만한 가치가 있는 사람이니 말이다.

행복한 감정은 나에게 달려 있다. 삶이 주는 것들에서 얼마나 감사한 마음을 느끼느냐 따라서 달라지는 것이다. 삶은 그렇게 좋을 때도 있지만 힘들 때도 있다. 삶이 내가 꼭 원하는 방향으로 안 될 때도 있기 때문이다. 인생을 너무 힘들다고 생각하면 인생은 힘들기만 할 뿐이다. 내가 감사하고 이루는 거에 따라서 인생이 크게 달라진다. 사람들이 나에게 좋은 영향력을 준다는 것 자체가 정말로 감사한 일이다.

삶은 언제나 나에게 소중한 것들로 선물처럼 다가온다. 그대를 위해서 모든 일이 순차적으로 좋은 일들로 가득하게 이루어질 것이다. 그런 순간들을 맞이할 준비만 하면 되는 것이다. 나는 그런 순간순간 가족들과 함께 지내고 싶다. 그런 나날들이 함께할 때 좋은 일들이 가득하게 펼쳐질 것이니 말이다. 그대도 소중한 것들이 있는가?

그런 소중한 것들을 위해서 늘 사랑하는 마음으로 늘 좋은 일들을 행하라. 그러다 보면 좋은 것들이 나에게 엄청난 선물처럼 올 것이니 말이다. 삶은 나날이 더 좋아질 것이다. 축복 받기 충분하기 때문이다. 사랑하는 우리 가족이 있기에, 행복하고 사랑하는 삶이 있기에, 행복하며 좋은 나날이 있기에 행복하고 모든 일이 나날이 좋아질 것이다.

행복한 감정은 내가 어떻게 생각하느냐에 따라서 달라지기 때문이다.

늘 좋은 행동하고 행복하게 살아갈 인생을 펼쳐라. 그렇다면 좋은 인생이 늘 당신에 앞길에 나날이 더욱 커져서 멋진 일들이 이루어질 테니 말이다. 나는 어떤 감정을 사느냐에 따라서 내 인생이 달라진다고 생각한다. 항상 좋은 마음가짐을 가지고 살아가다가 보면 인생이 얼마나 즐거운 기분이겠는가?

날마다 조금씩 우리는 변해간다.

주변이 변화하면 나는 자연스럽게 같이 변할 것이니 말이다. 삶이 주는 모든 일은 나에게 우연히 일어 날 수도 있다. 하지만 그런 것들을 위해서 조금씩 변화할 수 있다는 것 자체가 감사하는 마음이 든다. 감사하게 생각할수록 감사한 마음이 더 커지고 감사할수록 나에게 더 큰 힘이 생긴다고 할 수 있다. 나는 나에게 정말 힘들고 고난 같은 일들이 일어나도, 그런 일들을 통해서 좀 더 멋지고 행복한 나날이 펼쳐질 것을 안다.

힘든 것에 나의 인생이 좌지우지되면서 실패의 길로 들어서는 것이 아니라 디딤돌로 되는 것이다. 중요한 것들을 놓쳐서는 안 된다. 그대를 위한 좋은 것들이 준비되어 있기 때문이다. 나는 날마다 많은 것들을 이룰 수 있음에 감사하다. 누구나 한 번쯤은 좋은 기회와 좋은 운이 온다고 한다.

그 운과 느낌을 절대로 놓쳐서는 안 된다.

삶은 어떤 것들이 당신을 더 큰 기회가 되어 다가올지 모르기 때문이다. 우리는 삶을 행복하게 누리기 위해서 태어났다. 늘 선택은 내가 하는 것이다. 자신 안에서 선언을 하는 것이다. 나는 좋은 행복만 위해서 나날이 더 발전하는 삶을 살아갈 것이니 말이다. 모든 일에 순서가 있다. 자신만의 페이스대로 자신만의 기회들로 채워가는 것 또한 행복이다. 어떤 것이 자신에게 딱 맞는 일일지 모르기 때문이다.

어느 순간 잘 안된다고 좌절하지 말고 포기하지 말고 거기서 늘 배우는 것이다. 나와 같은 경험을 한 책으로나 멘토에게 배우는 것이 인생을 좀 더 편안하게 갈 수 있는 기회라고 할 수 있다. 그렇다면 더 멋진 내가 되어 있을 수 있기 때문이다. 삶은 매순간 찬란하고 아름답다. 하지만 우리가 미리 걱정하고 삶에 대해서 좋지 못한 기분과 느낌을 계속 품고 살기 때문에 모르는 것이다. 그러니 늘 품행에 조심하고 생각을 조심하라. 생각이 곧 나의 행동으로 이루어지기 때문이다. 행동을 조심하는 것이 더 중요하다.

늘 언제나 우리는 행동에서 좋은 일을 할수록 좋은 일들이 일어나는 것이다. 좋은 생각들로 나는 늘 행동을 조심하고 행복하게 살아가는 삶에 지표를 삼아서 살아가고 있다. 우리는 이 삶에서 늘 행복하기를 바라고 살아가는 것이기 때문이다. 삶을 늘 좋은 일들로 가득 채워라. 자신을 좋은 많은 영향력을 주변을 대하는 것이다. 그렇다면 삶에서 자유로움을 느낄 것이니 말이다.

삶은 행복을 찾아서 가는 것이다. 내가 어떤 것을 좋아하고 어떤 것들을 보면서 행복해하느냐에 따라 인생은 크게 달라진다. 내가 좋아하는 일을 하면서 내가 행복하게 생각하는 일을 하면서 열심히 일하는 것이다. 그렇게 살다 보면 인생에 얼마나 좋은 일들이 있겠는가? 사람마다 때는 다르다. 그 때를 찾는 것이 정말로 중요하다. 어떤 것에 중점을 두고선 나의 삶을 이끌어 나가야 하느냐 말이다.

누구에게 도움이 되는 사람이 되고 싶으면 그런 것으로 행복을 느끼고, 내가 정말 힘들게 일하면서 행복을 느끼는 사람도 있으며, 내가 많은 것들을 할 수 있다는 자신감으로 행복을 느끼는 사람이 있다. 다양한 사람들이 다양하게 행복을 느낀다. 내가 원하는 행복을 이룬 사람이 있으면 그 사람을 찾아가서 배우고 느끼고 나의 삶에서도 그것을 적용하는 것이다. 나는 이렇게 인생을 크게 나눠서 좋은 많은 것들을 누려야 한다고 생각한다. 나에게 때가 있다는 것을 안다.

그때를 잘 잡아서 기회로 삼으면 된다. 나는 항상 답은 자신에게 물어봐야 한다고 생각한다. 자라온 환경과 좋아하는 것들이 각자 다르고 기준이 다르기 때문이다. 하지만 중요한 것은 행복한 마음가짐을 가지는 것이다. 내가 어떤 행복한 마음가짐으로 살아가느냐 따라서 인생이 달라지기 때문이다.

자신 정한 행복의 기준이 뭔지 진지하게 생각해 보는 것이다. 그것을 따라서 버킷리스트를 작성하는 것도 강력 추천한다. 버킷리스트를 작성해서 내가 이룬 것들을 하나씩 지워가다 보면 성취감과 자존감이 얼마나 올라가겠는가?

내 삶이 좋은 일들로 채우는 것은 그만큼 중요하다. 시간은 그만큼 소중한 것이니 말이다. 어떤 인생을 잘 살았다는 사람마다 기준이 다르기 때문에 나만의 기준으로 세상을 바라보고 하루하루 보내는 것이 중요하다. 나의 삶의 선택을 하나씩 찾아가는 것이 중요하다고 할 수 있으니 말이다. 그대를 위해서 좋은 많은 것들을 찾아오기 마련이고 좋은 기회들이 늘 펼쳐지기 때문이다.

자신만의 터닝 포인트를 잘 찾아서 잡아라.

내가 좋아하는 것들로 나의 기회를 잡는 것이 중요하다. 인생에서 딱 한 번, 기회가 크게 온다고 했다. 그 기회를 잡아서 멋진 삶을 꾸려나가 보자. 나의 인생을 찾아가는 사람이 좋은 기회를 잡는 것이라고 생각하면 된다. 그대는 행복하게 살아갈 권리가 충분히 있고 그렇게 행복한 인생을 살면 되는 것이다. 당신에게 좋은 일들이 차곡차곡 쌓여서 눈덩이 처럼 커질 것이다. 행복한 일들로 가득하기를 바란다.

3

모든 일에는 행복과 슬픔이 공존한다

—

모든 일이 내 뜻대로 되지 않을 때도 있다. 모든 일에는 행복과 슬픔이 있다고 볼 수 있다. 모든 일이 내 뜻대로 될 수만 있다면 얼마나 좋겠는가? 하지만 슬픈 감정이 올라오고 나의 행복한 감정이 올라왔을 때 그 모든 것을 수용해야 한다. 그저 주어진 것에 감사하며, 모든 것을 수용해라. 모든 일에는 행복과 슬픔이 있기 때문이다.

그 감정을 수용하는 것이다.

내 안에 소중한 것들이 존재하기 때문이며, 내 안에는 넓고 넓은 바다 같은 마음이 있다. 하지만 그 마음을 알지 못할 뿐이고 내가 수용하지 못할 뿐이다. 내 뜻대로 되지 않는다고 슬픔과 좌절과 고통을 겪을 필요는 없다. 그저 상황이 좋아지기를 수용하며 행복은 늘 가까이 있기 때문에 멀리서 찾지 않는 것이다. 인생에 답은 누가 머래도 자신이 잘 알 수 있기 때문이다. 삶은 나에게 있어서 즐겁고 행복한 나날이 펼쳐질 것이다. 그대를 위한 행복한 순간은 늘 준비되어 있기 때문이다.

하지만 자신을 사랑할 줄 알아야 진정으로 다른 사람도 사랑을 할 줄 알게 되는 것이다. 그대는 어떤 것들이 있든 늘 행복한 마음가짐으로 살아가라. 모든 일이 순조롭게 진행될 것이니 말이다. 어떤 이가 뭐라고 하든 비교할 필요는 없다. 그저 수용하고 행복하게 살아가는 것이니 말이다. 우리에게 늘 선택의 순간이 온다. 선택은 본인이 하는 것이다.

그대를 위해서 늘 행복한 마음가짐으로 사랑하는 마음가짐으로 인생을 대하는 것이다. 그것이 나에게 좀 더 좋은 것들로 이루어질 것이니 말이다. 모든 일에 슬픈 감정이 들면 그저 슬픈 감정을 지켜보고 행복한 감정들로 나를 채우면 된다. 그렇게 세상을 더 따뜻한 시선으로 바라보면 더 큰 세상이 나를 마주하고 안아줄 것이다. 자신이 가지고 있는 선입견과 틀을 깨야 한다. 그 틀에서 벗어나서 깨고 나와야 내가 원하는 세상을 맞이할 것이다.

그대를 어떤 경우에서도 늘 행복한 날들을 맞이할 수 있기 때문이다. 삶이 주는 건강한 행복과 세상을 살아가다 보면 얼마나 인생이 뜻깊고 행복하게 펼쳐질지 기대되지 않는가?

그대를 위해서 삶은 언제나 좋은 것들을 가져다줄 것이다. 나는 정말로 우리 가족이 너무 소중하며 행복하다. 가족은 너무나 건강한 틀을 만들어주는 것이다. 그대여 늘 좋은 생각만 하면 좋겠지만 부정적인 감정 또한 내 안에서 일어나는 일이므로 그저 수용하고 받아들여라. 모든 생각이 다 맞다고 생각하지 말라. 내 생각이 틀릴 수 있다고 생각하라. 생각이 올라오는 것은 그저 지켜봐라. 그렇게 인생을 즐기다 보면 인생은 더 큰 나로 발전해 나갈 것이다. 절대로 실패는 실패가 아니다. 거기서 내가 배우는 것이다. 인생의 디딤돌을 밟고선 나아가야 한다. 나를 더 멀리 더 높은 곳으로 올려 보내 주는 것이다.

그저 받아들이고 느껴라. 사랑하는 감정을 느끼고 수용하면서 베풀어라. 슬픈 작은 일 하나하나에 너무 깊게 빠져 들지 않는 자세를 가지는 것이 중요하다. 그저 수용할 뿐 슬픔은 잠깐일 뿐이다. 행복한 감정을 느끼면서 좋은 일들과 함께 나에게 큰 시너지를 주기 때문이다. 내가 원하고 바라는 미래를 생각하고 행동하라. 자신의 감정을 수용하고 받아들이는 것이다. 나는 인생은 다양한 감정이 공존하지만, 기분 좋은 감정을 유지하는 것이 무엇보다 중요하다고 할 수 있다.

느끼는 감정 안에서 더 큰 나로 발전하고 성장하는 모습이 기대되지 않는가?

삶에 주어진 것들에 너무 행복하고 감사하자. 새로운 사실을 더더욱 알게 되는 것에 행복감을 느끼고 자신이 좀 더 높이 올라갈 가치가 충분하면 그대가 정한 수준에 맞춰서 커가는 것이다. 자신이 정한 수준이 높다고 하면 더 높은 곳으로 갈 것이며, 자신이 원하고 바라는 모습을 늘 완성해 나가는 것이다. 그러다 보면 인생은 좀 더 풍요롭고 다양해질 것이니 말이다. 새로운 내가 나 자신을 발견할 때마다 얼마나 새롭고 재미있겠는가? 감정은 정하고 선택하는 것일 뿐이다.

도전하고 자신이 이루고 싶은 버킷리스트를 작성하는 것을 추천한다.

그렇게 살다 보면 인생이 좀 더 재미있지 않겠는가? 인생은 늘 즐겁고 행복하고 재미있게 살아가는 것이다. 행복한 인생을 찾아서 가다 보면 인생은 좀 더 멋있고 새로운 세상을 펼쳐질 테니 말이다. 어떤 인생을 살든 답은 내 안에서 찾는 것이다. 원하는 것을 이루고 싶으면 두려움에서 벗어나서 행복한 꿈을 꾸고 이루는 것이다. 이루다 보면 세상은 다채롭게 내가 할 수 있는 것들이 많아지고 가질 수 있게 될 것이다. 자신이 정한 가치는 자신이 정하는 것이다. 자신이 원하는 것을 이루겠다는 마음가짐만 포기하지 않는다면 말이다. 자신이 원하는 것을 이루기 위해서 실패를 할 수 있지만. 거기서 더 나아가 이겨 내겠다는 마음가짐으로 세상을 바라보고 선한 마음으로 베풀어야 한다. 언제나 행복한 나날이 주는 것에 만족하는 것 또한 멋진 일이다.

자신이 가진 것에 감사하며 풍요로운 마음가짐을 가져야 한다. 내가 마음이 풍요롭고 행복한 감정을 계속 느껴야 그것이 좋은 방향으로 이루어지게 될 것이니 말이다.

그것이 얼마나 소중한 일이겠는가? 늘 좋은 일들로 가득하기를 바란다. 그대가 원하고 꿈꾸는 미래를 바라고 선택은 자신이 하는 것이다. 자신이 선택하는 삶을 살아가라. 사랑하는 사람들은 늘 내가 성장할 수 있는 원동력이며 내가 용기를 낼 수 있게 도와주는 시너지 같은 것이다.

그러니 주변 사람들을 항상 챙기고 사랑하며 발전해가야 한다. 자신이 원하는 모습은 자신이 이루는 것이니 말이다. 삶을 주는 것들이 얼마나 소중한지 모른다.

내가 힘든 일을 겪었을 때에 이겨 낼 수 있는 원동력이 되어 주었다. 삶은 원하는 것이 있다면 꼭 이룰 것이라는 마음가짐으로 하루하루를 뜻깊게 살아가라. 그렇게 인생이 완성되어가는 것이다. 삶은 그렇게 인생을 내가 선택하고 만들어 가는 것이다.

인생은 늘 즐겁고 재미있게 행복하게 살아가라. 그대가 원하는 미래를 꿈꾸면서 감사하며 인생을 즐기면서 원하는 삶을 꿈꾸면서 건강하게 살아가는 것이니 말이다. 자신이 원하는 것들로 당신의 삶을 채우는 것이 얼마나 뜻깊은 일인지 모를 것이다. 그러다 보면 인생이 너무나 멋지게 펼쳐질 것이다. 부정적인 생각에 깊은 뜻을 생각하지 말자. 그냥 생각이 난다면 지나가는 생각일 뿐이니 그저 바라보고 넘어가자. 생각이 천천히 없어 질 것이니 말이다. 행복한 감정이 들을 땐 그저 수용하고 오랜 감정을 유지하며, 슬픈 감정이 들 때도 그저 지나가는 것이라고 생각하면 된다. 내 뜻대로 되지 않는 일에 감정 소모 에너지 소모를 할 필요는 없다. 좋은 기분이 들 때 좋은 기분을 유지하는 것이 중요하다. 그래야 일에 있어서도 능률이 올라가고 모든 일이 잘 풀리기 시작하기 때문이다.

인생을 너무 어렵게 생각하지 말자. 시행착오를 겪지 말고 성공한 사람들에게서 배워라. 그렇다면 성공 확률이 올라갈 것이니 말이다. 그대를 위한 삶을 늘 풍요로움을 느껴라. 작은 것에도 풍요로움을 느끼고 내가 가지고 있는 돈에 풍요로움을 느끼고 행복함을 느끼는 것이다. 그렇게 하나씩 내가 원하는 것들을 이룰 수 있기 때문이다. 삶은 원하는 많은 것들을 누릴 자격이 있다. 그런 삶을 살아라. 내가 꿈꾸고 이룬 삶이 얼마나 멋진지 말이다. 자신의 자존감을 지키는 것 또한 자신이다. 늘 소중한 나날을 보내면서 자신을 아끼고 사랑하는 것이 제일 중요하다. 어떤 일이든 좋은 것들이 나에게 주어진 것만으로 행복이 배로 커질 것이니 말이다. 사랑하는 나 자신을 아끼고 사랑하라. 어떤 고난과 역경이 오더라도 당신이 이겨 낼 것이니 말이다. 그것은 그저 나에게 배움을 주고 깨닫게 해주는 것이라고 생각하면 된다.

내가 바라고 원하는 것들을 내 안에서 찾아라. 나에게 가족은 나에겐 엄청난 큰 원동력이 된다. 그렇게 나에게 성장하는 데 도움이 되는 가족이 있기에 얼마나 멋진 인생이겠는가? 항상 나 자신과의 싸움이다. 환경은 거기서 당신과 나를 받쳐주는 하나의 징검다리 역할뿐이다. 나는 그렇게 나 자신을 찾아가는 데 큰 용기가 필요하다고 생각한다. 슬픈 일,

힘든 일을 겪고 나면 작은 것에 대해서 소중하고 감사한 마음이 커진다.

하루하루를 재미있고 즐겁게 보내는 것이 인생이 주는 선물이다.

4

소중한 사람이 있기에 나의 하루는 빛난다

–

언제나 소중한 사람이 있기에 하루하루가 소중하며 세상은 밝다. 내가 답이 아닐 수도 있다. 언제나 힘이 되어주는 소중한 사람을 생각하다 보면 힘이 나고, 힘든 나날이 시작될 때 우리 아이들을 보면서 힘을 낼 수 있었다. 그렇게 소중한 딸을 생각하면서 하루를 채워갈 수 있기에 세상은 밝다.

나의 하루를 언제나 한 사람을 위해서 기쁘게 해주는 것 또한 중요하며, 인생을 뜻깊게 많은 좋은 사람들로 함께 나눌 수 있음에 감사하라.

나는 누구보다 소중하며 내가 소중한 만큼 다른 사람들도 그만큼 소중하다. 세상은 언제나 힘든 일이 있겠지만, 소중하고 사랑하는 아이들이 있기 때문에 내가 힘든 상황에서도 이겨내고 더 큰 나로 성장할 수 있었다. 세상이 밝은 만큼 나도 항상 감사하며 늘 발전하고 감사하는 마음으로 매일 매일을 보낸다. 인생이란 그만큼 나에게 너무나 소중하기 때문이다. 소중한 만큼 시간도 너무나 소중하다. 그런 시간들이 모여서 우리의 미래가 되기 때문이다. 미래를 위해서라도 항상 밝고 발전하는 모습을 소홀히 하지 않으며 인생을 보다 뜻깊게 아름답게 만들어가고 싶다.

가족은 빼 놓을 수 없다. 인생에 있어서 세상은 밝기 때문이다. 늘 주변에 고마운 분들이 많으며, 아이들을 키우면서도 나도 인생을 배워가고 있다. 인생을 배우면서 아이들과 커 가는 모습을 보면서 얼마나 뿌듯하고 나날이 성격이 달라지고 하는 모습도 달라질 때마다 시간이 가는 것에 너무나 삶의 무게를 느끼고 있다. 인생은 보다 아름답게 찬란하게 빛나고 있으며 빛나는 인생을 살면서 소중한 가족이 있기에 얼마나 멋진 삶이 주어지는지 모르겠다. 그런 삶이 있기에 인생을 사람마다 가는 방향이 다르듯이 각자 자리에서 빛나는 모습으로 살아가는 듯싶다. 나는 육아를 하면서 정말로 힘들었던 부분이 많았지만. 아이들이 커가는 모습을 보면서 버텼다. 버티다 보니 시간이 흘러 아이들도 많이 컸으며 삶을 더욱 풍요롭고 다채롭게 아이들과 함께 보내고 있다. 아이들과 함께 인생을 같이 공유하고 있다고 생각한다. 이렇게 바로 앞에 있는 우리가족이 나에게는 큰 행복이다. 아이들이 커가면서 모르는 부분에 대해 한참 배워야 할 것도 많지만, 그런 부분을 이겨내고 성장할 수 있어서 감사할 뿐이다. 삶은 나에게 맞춤 서비스로 다가와서 더 큰 나로 성장할 기회를 만들어 준다. 인생을 늘 행복하게 즐기면서 살아가자.

좋은 생각을 하며 자신만의 행복을 생각하고 바라면서 지내다 보면 행복한 나만 습관처럼 만들어져서 모든 일이 행복한 일로 이어질 수 있다. 나는 다양한 삶에서도 배울 점이 정말로 많다고 생각한다. 나는 늘 배우면서 나날이 새로운 것을 깨닫게 된다. 삶은 내가 생각하는 의식에 따라 달라진다. 나의 의식이 어떠하냐에 따라서 삶 또한 내가 정한 방향으로 달라진다.

모든 삶은 생각한 대로 사는 것이다. 그만큼 생각하고 행동하는 것에 나에게 좋은 쪽과 원하는 쪽으로만 나를 생각하라. 뜻대로 되지 않을 때에는 힘든 시간이 지나서 더 좋은 방향으로 나를 이끌어주고 발돋움이 될 수 있는 기회로 삼아라. 내가 가지고 싶고 원하는 방향이 어떤 것인지에 따라서 인생은 크게 달라지는 것이다. 삶이란 나에게 어떤 것이든 배움을 알게 해준다고 생각해라. 나를 이끌어주는 사람을 만나는 것도 정말로 행운이다. 사랑하는 사람과 매일매일 지내다 보면 얼마나 큰 시너지를 받으면서 나도 같이 함께 에너지를 받을 수 있어서 너무 좋다. 이끌어 주는 대로 살아가는 것 또한 너무 행복이고 행운이다. 항상 감사하라. 감사는 나의 안에 모르고 있던 힘을 알게 해주고 어떤 역경도 이겨 낼 수 있는 힘을 만들어 주기 때문이다. 삶은 그대가 원하는 쪽으로 이끌어가는 것이 얼마나 중요한 것인가? 그대의 삶을 자신이 원하는 방향으로 이어갈 수 있다는 것이 얼마나 나날이 좋아지고 있다는 것인가? 자신이 하고 싶은 일을 하면서 행복하게 살아가는 것이 정말로 너무나 행복이다. 행복한 삶은 내가 배우면서 천천히 나만의 속도로 만들어 가는 것이다. 인생을 더 뜻깊고 아름답게 만드는 것이니 말이다. 내가 즐겁고 행복한 만큼 주변 사람들도 같이 행복이 두 배로 커지기 때문이다. 늘 행복한 마음가짐을 가지도록 노력하며 행복하게 살아가는 것이다. 인생은 큰 나의 그림판을 그려 간다고 생각하면 되는 것이다. 인생을 즐겁게 살아가다 보면 인생을 가는 길이 즐거워질 것이니 말이다. 늘 항상 자신이 정한 툴은 지키면서 삶을 보내는 것이다.

행복한 마음가짐이 그만큼 중요하다. 항상 감사하며 주변 사람들에게 감사한 마음으로 베풀어라. 언제나 삶은 그렇게 원하는 것을 이룰 수 있는 자신감으로 나아가는 것이니 말이다. 행복은 나에게서 주변을 늘 좋은 것들로 채우는 것이다. 삶이 주는 것에 늘 감사하고 사랑하는 사람들에게 감사하며 늘 좋은 많은 것들을 누릴 자격이 충분하기 때문이다. 당신은 늘 아름답게 빛나는 보석과 같으며 살아가야 하는 것이다. 나는 나날이 좋아지는 하루하루에 감사한 마음뿐이다. 삶이 주는 것들을 항상 누리면서 살아가자. 그만큼 누리면서 살아가야 나의 그릇도 커지는 것이다.

　이 넓고 넓은 세상 많은 시간을 보내면서 매일 지루한 하루를 보낸다는 것이 너무 시간이 아깝지 않은가? 많은 것들을 우리는 누리기 위해서 태어났다. 그만큼 누리기 위해선 나의 그릇도 많이 키워야 한다고 생각하며, 내 그릇이 커지는 만큼 누리는 것도 많아지기 때문이다. 나와 함께 사랑하는 사람들과 같이 많은 것을 누리는 것이 얼마나 감사하겠는가? 그런 삶을 매일매일 보내면서 행복할 것이다. 그게 바로 나만의 행복한 습관을 찾는 방법이니 말이다. 나는 더욱 다채로우면서 행복한 나날을 보내는 것이 너무나 자랑스럽고 행복하다. 사랑하는 우리 아이들과 함께 누릴 수 있다니 너무나 감사하며 이런 삶을 살 수 있게 되어서 행복한 마음 습관을 가지는 것이라고 생각한다.

상처를 받더라도 잠깐일 뿐이다. 그 시간만 내가 다른 일에 집중하자. 상처받은 일이나 실패한 일에 대해서 거기서 배우고 고치면서 내가 좀 더 나은 나를 만들어 가는 기회가 될 이다. 그런 삶이 주는 것에 늘 감사하고 항상 베풀며 나의 인생을 아름답게 빛나는 삶으로 꾸미는 것이다.

그런 삶이 주는 것들이 얼마나 행복하고 감사하겠는가?

행복한 마음가짐으로 행복하게 살아가자. 행복한 만큼 인생은 더 뜻깊고 아름답게 빛나게 될 것이니 말이다. 삶은 늘 나에게 선물 같으며 인생을 더 아름답게 빛나는 인생을 만들어 줄 수 있기에 행복하다.

나에게 주어진 것에 늘 행복해하고 행복한 마음으로 사랑하면 모든 일에 대해서도 좀 더 나은 좋은 방향으로 나아가는 것이다. 인생은 늘 아름답고 찬란하며 늘 행복한 나날이 많이 있기 때문이다. 나의 생각의 차이에 따라서 어떤 이에게는 그 순간이 불행일 수 있지만, 내가 어떻게 그 상황을 생각하고 이해하느냐에 따라서 행복일 수도 있다.

인생은 있어서 선택은 자신이 하는 것이다. 그만큼 작은 거에 늘 감사하면 어떤 것들이든 나에게는 감사한 마음 드는 것이다. 인생은 그렇게 내가 주도권을 가지고선 즐겁고 행복하게 나날을 보내는 것이다. 어떤 선택을 하느냐 내가 어떻게 생각하느냐에 따라서 이 순간들이 달라지는 것이다. 늘 행복한 마음으로 내가 생각하는 기준에 맞춰서 인생을 만들어 보자.

나의 인생은 내가 선택하고 내가 만들어 가는 것이니 말이다.

인생을 늘 행복한 마음으로 사랑하는 마음으로 나만의 하루를 행복하게 행복한 루틴으로 만들자 가장 중요한 것은 매일 아침을 행복으로 시작하는 것이다. 행복한 마음으로 나날이 맞이하다 보면 더 행복한 매일이 만들어질 것이다. 소중한 것들이 당신을 더욱 빛나게 해줄 것이니 항상 행복한 마음가짐으로 자신만의 행복한 습관을 만들어라. 그런 멋진 일을 소홀히 하지 말자, 행복하게 인생을 뜻깊게 만들어 가는 것이 얼마나 멋진 일인지 모를 것이다. 그러니 나만의 행복한 마음가짐을 유지하라. 늘 좋은 말과 좋은 생각과 좋은 행동으로 하루를 채워 가는 것이다.
  당신은 늘 행복한 사람이다.

언제나 빛이 나는 존재로 더 찬란하게 빛이 날 수 있기 때문이다. 커다란 삶이 주는 방향 지침을 보고 나아가는 것이다. 인생을 아름답게 채워가라. 나를 좀 더 발전하는 나로 성장하자. 내가 원하고 바라는 것들로 내 인생이 풍요로워지기를 바라면서 인생을 즐기자. 인생을 건강하게 나만의 루틴으로 채워가는 것이니 말이다. 그렇게 인생을 찬란하고 빛이 나게 채우다 보면 인생은 커다란 나의 놀이터가 될 것이고 나의 스케치북이 되어 내가 원하고 바라는 방향으로 인생이 펼쳐질 것이니 말이다. 그렇게 삶을 즐기면서 나날이 더 성장하는 모습이 얼마나 멋지겠는가?

5

나의 감정은 선택에 달려 있다

–

행복은 자신이 선택하는 거에 따라 달라진다. 내가 행복을 선택할지 불행을 선택할지 선택하는 것이다. 늘 행복한 선택을 하는 습관을 가지자. 나의 행복은 내가 선택하는 것이므로 나를 소중하게 생각하고 소중하게 다루며, 소중한 나를 위해서 늘 행복하게 살아가는 것이다. 인생은 늘 행복한 나날들이 펼쳐지기 때문이다. 행복한 마음도 습관이다. 습관처럼 행복을 선택하고 행복 하는 것에만 집중하자. 인생을 즐겁고 행복하기 위해서다. 늘 자신의 존재에 대한 자신감으로 살아가자.

나는 어떤 누구도 자신에게 나쁜 영향력을 끼칠 수 없다고 할 수 있으며, 인생은 즐겁고 행복하게 살아가는 것에 집중하고 나를 기쁘게 해주고 나를 행복하게 해주는 사람들로 나의 주변을 채워가는 것만으로 시너지를 얻고 서로에게 도움이 된다. 자신과 꿈이 맞는 사람들과 함께 살아가다 보면 더 멀리 더 좋은 곳으로 나를 삶이 이끌어 줄 것이다. 그대를 위해서 삶을 살아가는 것이다. 그대를 위해서 좀 더 멋진 곳이 준비되어 있으니, 내가 가야 하는 방향을 맞춰서 가기만 하면 된다.

속도보다는 방향이 중요한 것이다. 내가 원하는 방향으로 선택해서 가는 것이다. 인생을 더 뜻깊게 방향에 맞춰서 가는 것이 얼마나 중요한가? 나는 행복해졌다. 나 자신에게 선언하라. 그리고 내가 선택하는 방향으로 행복을 선택하면 되는 것이다. 인생이 얼마나 중요한가? 그대 인생을 허비하면 살기에는 너무 아깝다. 내가 안 좋은 선택을 해서 방향성이 틀렸다고 하더라도 거기서 배우는 것이다.

행복은 나에게 달려 있기 때문이다. 늘 행복한 마음가짐으로 지내더라도 장애물을 만날지 모르겠지만, 행복한 방향으로 나아가는 것이니 중요하다. 나는 어떤 일이든 주어진 일에 항상 감사하며, 모든 일에 나의 페이스대로 좋은 방향대로 가려고 하며 무슨 일이든 즐겁고 행복한 나날을 보낸다고 생각하면 된다. 인생은 그렇게 완성해가는 것이다. 나의 삶은 내가 주도권을 잡아서 가며 어떤 일이든 그 일은 나를 좀 더 성장시키기 위해서 일어나는 일이라고 생각하면 된다. 삶에 있어서 커다란 사건 사고에 무너지지 말며, 인생을 보다 뜻깊게 보내야 한다.

행복은 나의 선택에 달려 있다.

내가 부정적으로 생각하면 할수록 더욱 안 좋은 일들이 일어난다고 할 수 있으며, 그런 일을 계속해서 끌어당긴다고 할 수 있다. 자신이 원하는 방향으로 자신이 좋은 방향으로 이끌어 갈 수 있어야 한다. 삶은 그렇게 좋은 일들을 끌어당겨서 좋은 사람들과 만나고 상호작용을 하면서 시너지를 얻는다고 생각하면 된다. 인생은 뭐든지 내가 뜻하는 바를 이룰 수 있다. 내가 많은 소득을 얻을 수 있는 기회는 언제든지 주어지며 나는 그것을 잡기 위한 준비만 하면 된다. 사랑하는 사람들과의 기회를 항상 잡으면서 살아가는 것이다.

사랑하는 것이 얼마나 뜻깊게 인생을 이룰 수 있는지 아는가?

그대는 충분히 매일매일이 좋아질 것이다. 인생을 더 뜻깊게 보낸다고 하면 말이다. 서로 좋은 시너지를 주고받는 것이 중요하다. 그래야 모든 일이 더 좋게 풀리고 사람들과의 관계에서도 감사해야 하며, 늘 그들이 잘되게 축복을 보내줘야 한다. 당신에게 소중한 친구나 지인이 있으면 늘 감사하고, 축복을 보내라. 당신에게 보다 멋있고 찬란한 일들이 가득하게 이루어질 것이니 말이다. 혹시라도 마음에 안 맞는 사람이 있다면 서로 100% 맞는 사람은 없기에 그들의 취향도 존중하라. 하지만 당신은 그들에게 늘 따뜻한 마음을 품고선 베풀어라. 그것이 더 멋진 인생을 잘 살아가는 데 많은 기회가 될 테니 말이다. 늘 행복하며 사랑하며 베풀면서 살아가라. 인생은 그렇게 놀다가는 것이다. 마음이 힘들다고 누군가 너무 싫어하고 절대로 누구를 탓하거나, 미워하지 말라. 자신에 에너지를 부정적인 것에 초점을 맞추지 말고, 나의 성장과 행복한 습관으로 나의 인생을 만들어가라. 그렇게 삶을 자신의 힘으로 이끌어 가는 것이니 말이다. 나에게 있어서 늘 행복한 마음가짐과 자기 계발을 하는데 많은 에너지를 쏟아라. 그렇게 인생은 더 다채롭고 새로운 기회를 많이 맞이하게 될 것이니 그대도 당신의 삶을 언제나 풍요롭고 자신을 늘 행복하게 재미있게 해주는 사람들과 함께 어울려라. 그렇게 인생을 멋진 성을 만들어서 당신을 행복하게 해주고 사랑해주는 사람들과 함께 어울리면서 살아가라.

　내가 좋은 기회를 얻을 수 있는 건 사람과 운이라고 생각한다. 좋은 운을 타고나서 인생을 보다 뜻깊게 보내는 것이다. 나는 당신에 인생에 있어서 멋있게 살 가치가 충분하게 있다고 생각한다. 자신을 과소평가 하지 말며, 자신을 이루고 싶은 용기가 있다면 인생에 있어서 도전을 해보는 것이다. 내가 새로운 일을 도전할 때 마다 그 시너지는 어마어마하게 커진다고 할 수 있으며, 주변에도 좋은 영향력이 끼친다고 할 수 있다. 그러니 당신에 인생에 있어서 어떤 일이든 해 낼 수 있다는 자신감과 내가 배울 수 있고, 내가 꿈을 이룰 수 있는 사람을 찾아가는 것이다.

　나는 모든 일이 잘되게 하기 위해서 자신 자체가 행복해야 한다. 행복한 마음으로 사람들에게 베풀고 행복한 마음으로 인생을 즐기면서 취미생활과 자신이 좋아하는 일 하면서 인생을 즐기는 것이다. 나는 모든 일에서 행복이 제일 중요하다고 생각한다. 행복하라. 좋은 생각을 하라. 자신이 하고 싶은 일만 생각하라. 그렇게 인생을 즐기고 풍요롭게 보내다 보면 인생은 더 멋지게 날아오를 것이다. 인생을 커다란 놀이터라고 생각하자. 인생을 보다 뜻깊고 아름답게 지내다 보면 인생을 정말 더 큰 나로 성장해 있을 것이니 말이다. 당신은 언제나 늘 행복할 권리가 있으며 행복하게 살아야 한다. 그러니 원하는 것을 모두 얻어서 잘 될 수 있으며 잘 될 것이다. 마음속으로 자신의 행복 선택하는 것이다. 행복운 늘 자신에게 있어서 더 멋지게 날아오를 수 있는 가치가 있는 것이니 말이다. 행복을 누릴 가치가 있으며 그런 삶은 사는 것이다.

새로운 일을 시작함으로써 얼마나 멋진 인생을 살 수 있겠는가?

늘 도전하고 자신이 원하는 인생을 살아라. 인생이 나날이 좋아질 것이니 말이다. 그런 삶이 얼마나 멋지겠는가? 사랑하고 사랑받으면서 멋진 인생을 살아라. 오늘 하루 살아가는 것이 얼마나 행복이고 축복이겠는가? 그런 삶이 남에게 받기를 바라지 말고 자신이 원하고 바라는 꿈을 꾼다. 자연스럽게 그럼 모든 행운과 부가 당신을 따라가게 될 것이니 말이다.

자신이 행복한 일을 해라. 자신이 원하고 싶은 일을 해라.

일을 하면서 재미를 느끼는 것이 그렇게 중요한 것이니 말이다. 인생을 보다 뜻깊게 하루를 맞이하는 것 자체가 정말로 축복일 것이니 말이다. 인생을 남이 주는 것이 아니다. 인생은 인맥도 아니고, 자신이 원하는 꿈을 이룰 수 있게 도와주는 사람을 만나는 것 또한 큰 행운이다. 자신이 바라고 꿈꾸는 일을 항상 마음에 품고 있으면 행동하라. 그러면 자연스럽게 모든 일이 더 좋은 방향으로 자신이 원하는 행복한 방향으로 진행이 될 것이니 말이다. 인생은 그렇게 만들어 가는 것이다. 나는 삶이 주는 것들로 나의 인생을 채워가는 것이 얼마나 중요한지 말이다. 나를 위해서 늘 긍정적인 생각과 행동을 하라. 주어진 모든 일에 감사하라. 언제나 행복한 감정을 유지하고 자신이 이룬 성취감에 늘 행복해라. 그럼 모든 일을 성취하고 이룰 것이니 말이다. 성취감은 나의 자존감을 올려주고 무슨 일이든 해낼 수 있는 자신감을 가지게 해준다.

자신 이룬 성과와 성취감은 당신을 더욱 행복하게 만들어 줄 것이며, 모든 일에 있어서 더욱 감사하는 마음으로 받아들여라. 당신을 더 크게 더 넓은 세상이 당신을 기다리고 있을 테니 말이다. 무슨 일이든 해낼 수 있다는 자신감으로 끝까지 일을 해내라.

행복한 감정을 늘 유지하며 늘 행복한 생각을 하며 내가 꿈을 이룬 모습을 생각하며 행동하라. 사람들과 함께 하면 시너지는 배가 되고 당신을 더 멋진 곳으로 인도할 것이다. 나의 행복 찾기를 하겠다고 선언을 하라. 그리고 어떤 일이든 해낼 수 있다는 자신감으로 살아가라. 인생은 풍요롭고 다채로워질 것이니 말이다. 인생을 늘 행복하고 아름다운 마음가짐 하나면 된다. 아름다운 마음으로 세상을 바라보고 세상에 보답하면 그만큼 더 좋은 일을 없을 것이다. 그대가 부정적인 감정과 부정적인 행동과 부정적인 태도를 보일수록 더욱 안 좋고, 더욱 상황이 악화가 될 것이며, 삶은 더욱 어려워질 것이다. 나는 행복한 길을 갈 것이고 행복하게 뻗어 나갈 것이며, 행복하게 살아간다는 마음가짐으로 모든 일에 있어서 더욱 자신을 성장시키고 도전하며 원하는 것에 맞는 길로 나날이 발전해 가는 것이 중요하다. 삶이 더 풍요롭고 아름답게 변화할 것이니 말이다.

그런 삶을 살아간다는 것이 얼마나 아름답겠는가?

자신의 눈동자로 더욱 아름답고 건강한 몸과 마음으로 하루하루를 멋지게 꾸밀 것이니 말이다. 그러니 당당하게 자신이 원하는 방향으로 나아가야 하는 것이다. 내가 가야 하는 방향으로 나아가야 할 때 큰 성장을 하며 인생이 더 멋지게 날아오를 것이니 말이다. 인생의 답은 내 안에서 멘토나 전문가를 찾아 내가 나아갈 수 있는 방향으로 찾아가는 것이다.

그렇게 삶이 좀 더 멋지고 아름답게 바뀌게 될 것이니 말이다. 삶이 주는

것들로 나의 삶의 지표를 삼아서 나아가 보는 것이다. 그대 삶에서 뜻깊

고 아름다운 것들을 찾아서 발전하는 삶을 찾아가는 일이 얼마나 멋지겠

는가?

6

작은 일이 주는 성취감에서 나를 찾다

—

작은 일에 주는 성취감에 행복을 늘 감춰져 있다. 늘 먼 미래를 기대하면서 작은 것에 감사할 줄 모른다면 미래의 더 큰 성취감을 얻을 수 있기에 힘들 것이다. 그러니 항상 작은 일에 모든 일에 감사하며 큰일에 성취감을 가져라. 자신이 가지고 있지 못한 것에 절대로 생각을 하지 말고 항상 내가 가지고 있는 것에 감사하며 모든 일에 도전하는 삶을 살아라. 살아가는 데 작은 일에 성취감을 가지면서 자연스럽게 만족도도 올라가고 행복감도 올라가기 때문이다. 작은 일에 늘 감사하며 좋은 일들을 많이 행하라. 그것이 더 큰 복으로 되어 나에게 돌아올 것이니 말이다. 작은 것에 성취감을 얻을수록 자존감이 절로 올라갈 것이다.

항상 자신과의 싸움을 하는 것이다.

어떤 일이든 성취하면서 나의 자존감을 지키는 것이 중요하다. 항상 작은 일에 감사하는 것이 얼마나 소중한 것인지 모른다. 나에게 정말 힘든 일이 닥쳤을 때 습관처럼 했던 감사하기를 했던 것이 큰 도움이 되었다. 감사한 마음을 가졌기에 내가 힘들었던 상황에서 벗어날 수 있었다. 내가 건강함에 감사하고 아이들이 건강함에 감사하고, 남편이 건강함에 감사하며, 맛있는 음식을 먹을 수 있음에 감사했다. 작은 거 하나하나에 감사할 줄 알면 어떤 힘든 상황에서도 어려움을 헤쳐 나갈 수 있다. 나에게 주는 행복감에 시너지는 얼마나 컸는지 모르겠다.

항상 감사하고 늘 가까운 것에 행복감을 느껴라.

그렇게 인생을 설계해가다 보면 내가 원하는 것들을 이룰 수 있을 것이니 말이다. 행복한 마음과 행복한 기분을 늘 유지하라. 배울 수 있는 성공자를 꼭 찾아가기를 바란다. 당신이 행복하기를 늘 온 우주가 움직이고 있다. 당신은 그만큼 소중한 존재이며 모든 문제의 답을 찾을 수 있기 때문이다.

그래서 당신은 어떤 답을 찾고 싶은가? 당신이 이루고 싶은 꿈이 있으면 그 꿈을 위해서 나아가라. 항상 더 좋은 것들이 당신을 위해서 준비되어 있기 때문이다. 하지만 당신도 큰 용기가 필요할 것이다. 그 두려움을 넘어서 큰 용기를 가지고선 나아가라. 인생은 그대를 위해서 준비되어 있을 테니 말이다. 삶은 늘 좋은 것들로 가득하다. 삶이 주는 선물을 감사한 마음으로 받으며 감사하게 생각하며 감사한 것들이 나에게 주어진다고 생각하라.

나도 정말로 어려운 순간을 겪었다. 그 순간을 넘어갈 때마다 나에게 그만큼 그릇이 커진다고 생각할 수 있다. 삶은 모든 일이 잘되게 잘 이루어지게 모든 순간순간 감사하라.

늘 작은 것 하나하나에 배워라. 감사한 마음이 나에게 있어서 정말로 주문처럼 외웠다고 할 수 있다. 감사하자. 행복하자. 풍요롭다. 마법 같은 주문을 할 때마다 나의 마음이 편안하고 여유로워졌다. 그대도 스스로를 늘 항상 아끼고 사랑하라.

자신을 잘 알아야 인생은 더 편안해지고 좋은 것들로 나를 채울 수 있다. 항상 자신을 살피고 좋은 일들로 가득하기를 바란다. 나는 힘든 일이 정말 많았지만. 감사한 마음으로 살았다. 늘 감사하라. 작은 일에 감사하고 모든 일이 잘 풀릴 거라는 마음가짐으로 살아라.

인생의 답은 그렇게 내 안에서 찾아가는 것이다. 하나씩 나에게 주어진 문제를 풀 때마다 행복한 결과물이 주어질 것이다. 그러니 자신의 문제를 덮어 두지 말고, 자신의 문제를 해결할 수 있는 방법을 계속적으로 생각해야 한다. 늘 생각하고 자신이 그린 미래를 늘 생각하라. 그렇다면 인생에 어떤 힘든 일이 있더라도 이겨 낼 수 있고 거기서 더 내가 성공한 나의 모습이 성큼 다가오는 것이다. 또한 작은 성취감으로 시작해서 큰 성취감을 가져갈 수 있는 것이다.

늘 새로운 마음가짐 새로운 기분으로 삶을 살아라. 더 큰 내가 되어 있을 테니 말이다. 작은 성취감을 가질 때마다 작은 것이 모여서 큰 성취감을 얻을 수 있는 것이다. 작은 성취감에도 항상 감사한 마음을 가져라. 나는 집안일과 정리를 잘 못하지만 거기서 내가 조금씩 할 수 있는 일을 하면서 작은 성취감과 자존감을 올라가는 것이다. 그 작은 성취감에 얼마나 하루하루가 즐겁겠는가? 늘 행복한 일들로 가득하게 지낼 수 있는 것 만으로 축복이라고 생각한다. 항상 주변 사람들에게도 감사하고 나에게도 감사하며 모든 일에 작은 것 하나하나에 감사하라. 그것이 두 배로 커져서 좀 더 멋진 나로 성장할 수 있는 기회가 주어지는 것이다.

나도 더 큰 나로 성장해 가는 것이다. 인생에 있어서 늘 행복한 기분을 매일매일 느끼고 행복한 감정으로 살아가라고 말하고 싶다. 자신의 미래를 그려 간다는 것이 얼마나 행복한 기분인지 모른다. 내가 성장할 수 있고, 늘 배울 수 있는 것에 감사하며, 내가 성공한 모습이 그려져서 너무 행복할 뿐이다. 새로운 것을 내가 체험하고 경험한다는 자체 또한 감사하다. 늘 새로운 것들로 내 주변이 채워질 것이니 말이다.

그렇게 작은 일에 하나씩 성취감을 가져갈 때마다 좋은 것들이 나에게 더 크고 멋지게 다가올 것이니 말이다. 인생은 늘 행복하게 살기 위해서 태어났다. 나는 당신이 정말로 행복한 삶을 살기를 바라며, 그렇게 살 것이다. 인생은 우리는 늘 행복하고 즐기다가 가는 것이니 말이다. 신은 당신이 정말 원하고 바라는 것을 이루기를 바란다. 그대를 위한 삶에서 늘 사랑하는 가족들을 절대로 잊지 말자. 가족이 큰 힘이 되어주고 원동력이 되어주기 때문이다. 그대는 언제나 제일 소중하며 좋은 것들로만 인생을 채울 가치가 있는 사람이다. 나는 그대가 늘 행복하기를 바라는 마음으로 책을 쓰고 있다. 이 책을 통해서 삶이 얼마나 감사한 일인지 모를 것이다. 자신의 삶은 자신이 이끌어 가는 것이며 우리는 늘 감사한 마음으로 인생을 즐기면서 살아가는 것이다.

새로운 것들에 대한 감사한 마음도 중요하다, 새로운 것에 대한 감사에 대한 마음이 더욱더 새로운 일들이 좋은 인연들이 모여서 당신에게 큰 선물을 안겨 주기 때문이다. 지난 인연이 지나가고 나면 새로운 좋은 인연이 찾아올 것이다. 그러니 인생에 있어서 좋은 터닝 포인트를 잘 잡아야 한다고 생각한다.

삶은 얼마나 많은 것을 당신에게 안겨줄지 매일매일 기대가 되지 않는가?

그렇게 삶이 주는 것들을 감사한 마음으로 받아야 하는 것이다. 시간이 그만큼 중요하며, 나의 한 달, 3개월, 6개월, 1년이라는 시간이 모여서 자신의 인생의 한 부분이 완성되어 가는 것이다. 당신의 삶에 항상 좋은 발전이 가능한 일들이 많아질 것이며, 당신은 그렇게 능력이 뛰어난 사람이라고 할 수 있다. 나는 언제나 삶에서 배우려고 했고, 새로운 도전을 했다. 내가 내 인생의 주인공이며 내가 원하는 것을 이룰 수 있다. 어떤 장애물도 나에게는 디딤돌일 뿐이다. 행복한 마음도 습관인 것처럼 행복한 사람들과 행복한 감정을 느끼면서 행복하게 살아가는 것이고, 주변에 힘든 사람이 있으면, 좋은 영향력을 발휘해서 더 멋지게 날아갈 준비를 하는 것이다.

그런 삶을 사는 것이 얼마나 멋지겠는가?

인생을 행복하고 즐기면서 나날이 더 발전해가는 내가 되어가는 것이다. 인생을 좀 더 풍요롭고 아름답게 채워가는 것이 얼마나 즐겁겠는가? 나는 언제나 나에게 포커스를 맞춰서 나의 행복을 바라고 행복하게 살아가는 것이 얼마나 감사한지 모른다. 늘 행복한 삶을 살기 위해서 그렇게 삶을 이끌어 가라. 그대가 원하는 것을 받을 가치가 충분히 있다. 당신에게 있어서 삶은 언제나 늘 감사하고 행복한 일들로 가득하기를 바란다. 인생은 즐기면서 행복하게 살아가는 것이니 말이다. 당신의 인생이 얼마나 중요한가? 그만큼 당신에게 있어서 삶이 주는 것들을 충분히 받을 수 있으며, 당신이 성장한 만큼 주변에도 도울 수 있는 영향력이 그만큼 커진다고 할 수 있다. 인생은 늘 그렇게 행복하게 즐겁게 살아가는 것이다. 삶에 자신이 원하는 것들이 있으면 목표를 삼고선 나아가는 것이다.

그렇게 인생이 더 다양해지고 풍요로워질 것이니 말이다. 인생에 있어서 중요한 것이 뭔지가 참으로 중요하다. 내가 하고 싶은 것은 뭔지 나 자신에 대해서 잘 알아가는 것이 제일 중요하다고 할 수 있다. 좋은 것들을 많이 가져다주는 것이 참 중요하다. 하지만 '신중함을 잊지 말자.' 자신이 절대로 다 맞는다고 생각하지 말라. 일상생활에서 내가 감사한 것들을 생각하고 내가 이루고 싶은 거에 행동으로 보여주고 행동으로 옮기는 것이 중요하다. 내가 이루겠다는 마음가짐을 놓치지 않는다면 말이다. 그대 인생은 하나씩 만들어 가는 것이며, 이루어 가는 것이다.

인생은 늘 좋은 마음가짐으로 하나씩 나만의 길을 만들어 가는 것이다. 나는 우리 아이들이 있기 감사하며, 항상 아이들과 함께 성장하고 있다고 생각한다. 내가 새로운 것에 도전할 수 있는 용기를 주는 것 또한 나의 아이들이다. 언제나 아이들과 함께 건강하게 지낼 수 있는 것에 너무 감사하는 마음뿐이다.

아이들과 커가면서 내가 아이들에게 무엇을 줄 수 있고, 무엇을 해 줄 수 있는지 항상 생각하게 되고, 항상 도움이 되는 방향으로도 나는 생각하고 행동한다. 삶에서 나의 인생에 50%를 차지한다고 해도 과언이 아니며, 나머지는 나의 성장과 나의 발전하는 시간을 쓰는 것에 너무나 감사하다. 늘 새롭고 새로운 일을 할 수 있어서 감사할 뿐이며, 인생을 좀 더 나아지고 있다는 것에 감사하다. 인생을 더 뜻깊고 아름답게 만들 수 있는 것도 자기 자신이며, 자신이 원하고 바라는 것을 늘 꿈꾸면서 살아가는 것이다.

인생은 늘 새롭고 해야 할 것들이 많으며 어떤 것이든 내가 할 수 있다는 마음가짐으로 하나씩 이루다 보면 많은 것들을 이룰 수 있다. 나날이 내가 원하고 바라는 것들을 이룰 수 있음에 감사한 마음이며, 인생을 더 뜻깊고 아름답게 써 내려가는 것도 자기 자신이며, 인생을 즐겁고 행복한 마음가짐으로 자신이 좋아하는 것, 좋아하는 음식, 좋아하는 취미 생활을 하면서 우울한 기분을 날려 버릴 수 있어야 한다. 자신의 감을 믿고 선 나아가는 것이며, 내가 할 수 있다고 믿는 것에 도전하고 꿈을 향해서 계속 해서 나아가다 보면 내가 원하는 방향으로 나아가는 것이며, 인생을 뜻깊게 보낼 수 있다고 생각하며 나아가는 것이다. 그렇게 살다 보면 인생에 꽃이 피고, 내가 꿈을 이루고 받을 수 마음가짐과 자세가 되어야 꿈도 이룰 수 있으며 나아가고 준비하다 보면 인생은 좀 더 풍요로운 길로 안내해 줄 것이니 말이니 항상 현재에 충실하며 미래에 발전적인 방향으로 나아가야 한다. 그런 작은 습관들이 모여서 더 큰 나로 성장할 수 있는 내가 되는 것이니 말이다. 내가 원하는 방향과 미래를 향해 목표로 삼으니 어떤 힘든 역경이 오더라도 꿋꿋이 참고 좀 더 나은 매일매일 보낼 수 있다고 생각한다. 어떤 일이든 도전하는 정신이 있으면 실패를 하더라도 배울 점을 찾고선 꿈을 향해서 나아갈 수 있다.

PART 5

오늘부터 나는 행복합니다

1

나만의 행복 패턴 찾는 방법

—

나만의 행복 패턴 찾는 방법으로 사랑하는 사람들과 함께하는 것이다. 좋은 장소를 찾아가든지 좋은 에너지를 받을 수 있는 곳을 가든지 나의 취미생활을 하는 것이 좋다. 인생을 더 뜻깊고 행복한 나날로 채우는 것이다. 어느 정도 휴식을 하면서 에너지를 채우는 것도 좋지만, 좋은 사람들과의 만남에서 행복한 에너지를 많이 받을 수 있다. 나만의 행복 패턴을 찾아라. 자연스럽게 내 자신이 행복해지고 행복한 일이 저절로 일어날 수 있는 방법 같은 방법을 찾아서 도전하는 것이다. 당신만의 행복 패턴을 찾으면서 내가 이루고 싶은 꿈과 직업을 찾는 것을 추천한다. 내가 좋아하는 일을 하면서도 내가 행복한 에너지를 받을 수 있으며, 행복한 삶을 사는 데 엄청난 도움을 될 것이니 말이다.

자연스럽게 좋은 만남을 하면서 좋은 인생을 살아가는 것이니 말이다. 나만의 행복 패턴으로 가장 추천하는 걸로는 '감사하기'이다. 그리고 원하지 않는 일은 억지로 할 필요는 없다. 자신이 정말로 하기가 어렵고 하기가 싫다면 하지 않는 것이다. 전혀 자신의 인생에 도움이 되지 않을 테니 말이다. 내가 원하는 것에만 집중하고 사랑하는 일을 하는 것이다. 그렇다면 나 자신 또한 많이 달라질 것이다. 인생은 즐겁고 행복하게 살아가기 위해서 태어났으며, 인생을 너무 시간 낭비하면서 허비하지 않는 것이다. 나를 행복하게 하지 않는 것에 인생을 낭비하는 것 자체가 너무 허무하지 않나? 나만의 시간을 갖는 걸 좋아하면 시간을 갖는 것만으로 너무 뿌듯한 시간일 것이다. 얼마나 멋지겠는가? 자신이 원하는 일을 할 때 정말로 일이 풀리지 않는다면 인생을 그냥 막 살지 않는 것이다. 자신이 이루고 싶은 꿈이나 목표를 가지고선 매일매일 살아가는 것이며, 인생은 더 크게 달라질 것이니 말이다. 인생을 즐겁고 행복한 삶을 사는 것이 얼마나 감사한 일이겠는가? 감사야말로 더 좋은 일을 내가 할 수 있는 원동력이 된다. 나는 자기 계발을 하면서 큰 행복감을 느낀다. 그래서 늘 행복한 감정을 가지고 행복하게 살아가고 있다. 행복한 삶이 주는 시너지는 더 좋은 행복한 감정을 끌어당겨준다.

늘 좋은 것만 듣고 좋은 일만 하면 좋겠지만, 내가 원하지 않고 원치 않는 일을 한다고 부정적인 감정에 매몰되지 않는 것이 중요하다. 그런 안 좋은 감정으로 내 자신을 만들어갈 땐 정말로 더 안 좋고 내 주변에도 안 좋은 영향력을 끼치게 되기 때문이다. 항상 바른 마음과 항상 즐겁고 행복한 마음으로 인생을 만들어 가보자. 자신감을 가지고선 세상을 더 밝게 빛나게 해줄 수 있는 사람이 되겠다고 선언하라. 그렇다면 인생은 언제나 당신에게 풍요와 재미와 행복을 커다란 선물처럼 안겨 줄 것이니 말이다.

인생을 보다 멋있고 행복한 삶을 살아가는 것 자체가 상상만 해도 기분 좋은 일이 아닌가?

'나만의 행복한 세상을 만들어라.' 늘 행복하게 모든 일이 잘될 거라는 마음가짐으로 살아가는 것이다.

그렇다면 모든 일이 잘될 것이니 말이다. 나는 행복한 감정과 나의 꿈을 극대화시켜주는 것은 바로 책읽기다. 자기계발서를 특히 많이 읽는다. 내가 원하는 것에 정말로 전문가가 되겠다는 마음가짐으로 시작한다면 원하는 일과 관련된 책을 많이 읽고 배워라. 세상에는 배울 것도 많고 할 것도 많기 때문이다. 책읽기는 강한 동기 부여가 되며 인생에서 내가 찾던 답을 정말로 찾을 수 있게 해준다. 책을 읽다 보면 거기선 정말로 내 인생을 뒤흔드는 문구를 만날 수도 있다. 나는 그중에서 제일 인생 깊은 책은 랄프 왈도 에머슨의 『세상의 중심에 너 홀로 서라』이다.

책 제목부터 자신에 대한 자신감과 자신에 대한 성취감을 얻을 수 있는 책으로 남과 비교하지 말며, 내 인생을 내가 주도하여 살아가는 것이라고 안내를 해주는 책이었다. 저 책 제목 문구가 나의 마음에 딱 박혀 잊히지 않는다. 자신에 대해서 잘 알아야 한다는 것 자체에 너무 마음에 들었으며, 인생을 남과 비교하는 삶이 아닌 자신이 나침반이 되어서 자신에게 맞는 꿈을 향해서 나아간다는 말 자체가 너무 감동적이다.

우리의 삶은 어렸을 때부터 학교에 들어가면서부터 경쟁하는 삶을 살아왔다. 남과 비교하는 삶 자체가 너무 슬픈 인생이 아닐까? 자신이 바라는 인생을 자신이 이끌어 간다는 말 자체가 너무 인상이 깊었으며 삶에 행복한 일들과 좋은 일들을 끌어당기는 것 자체도 본인 자신이기 때문이다. 항상 좋은 생각으로 좋은 마음가짐으로 인생을 살아가는 것이다. 멋지고 행복한 삶을 살 수 있는 시간이 얼마나 많은데 남과 비교하는 삶 자체가 너무 우울한 기분과 부정적인 생각을 끌어당기는 것이라고 생각한다.

나의 감정은 내가 컨트롤할 수 있으며, 나의 생각 또한 부정적인 생각이 아닌 긍정적인 생각으로 이끌어 낼 수 있기 때문이다. 자신의 생각으로 자신이 원하는 것을 끌어당길 줄 알아야 한다. 혹시라도 부정적인 생각이 들어도 잠깐의 수용을 할 수 있겠지만, 거기서 빠져들면 안 되는 것이다. 인생을 즐겁고 다양한 삶을 살아가는 것이 얼마나 위대한 삶인가? 당신도 당신의 꿈을 찾아서 행복을 찾아서 행동하는 것이다. 좋은 일들을 찾아서 행동하며, 그렇다면 인생은 정말로 새로운 경로로 안내를 해줄 것이니 말이다. 인생에 답을 찾아서 늘 도전하는 것도 매우 신나는 일이다. 늘 새롭게 하는 일 자체가 설렘을 가져다주며 나의 발전 가능성을 높여주기 때문이다. 내가 원하는 삶으로 나아가라. 인생이 숙제와 같고 너무 힘들다고 생각이 들 때에 절대로 포기하지 말라!

가만히 천천히 숨을 크게 들이마시고선 생각을 하는 것 또한 도움이 크다. 항상 늘 나를 가다듬을 줄 알고 내가 나를 컨트롤할 줄 알아야 인생에 있어서도 내가 주도권을 잡고선 나아갈 수 있기 때문이다. 누군가에 의해서 휘둘리지 말고 자신의 삶을 계획하고 나아가는 것이다. 인생을 더 멋지고 아름답게 만들어 가다 보면 인생은 좀 더 풍요로운 삶이 주어질 것이니 말이다. 나만의 행복한 행동 패턴을 잘 연구해보는 것이다. 자신이 무엇을 했을 때 제일 행복한지 무엇을 했을 때 나의 기분이 좋지 않은지 말이다. 자신에 대해 알아간다는 자체가 나만의 행복한 습관 찾기에 제일 중요하다고 할 수 있다. 내가 행복해야 모든 일에서도 내가 행복한 선택을 하기 때문이다.

인생은 더 멋지고 아름답게 설계해야 하지 않겠는가?

분명히 내가 갖고 싶고 내가 이루고 싶은 것이 있으면 도전하고 행동하는 것이다. 성공자의 마인드로 배웠으면 그걸 실행으로 옮기는 것 자체가 정말로 중요하다. 귀로 듣고 읽는 것은 누구나 할 수 있다. 하지만 내가 행복한 것도 나의 자존감과 영향이 있으며, 삶이 나에게 주어진 것만으로도 너무나 행복하게 이룰 수 있는 것이 많기 때문이다. 행복하게 살아가는 것이 사랑하는 가족과의 여행을 가는 것 또한 매우 재미있고 행복하며, 삶에 원동력이 되어 준다고 할 수 있다. 그만큼 삶에서 행복감을 얻기 위해서는 내가 정말로 행복해야 하는 것, 자신에 대해서 잘 알아야 한다.

자신에 대해서 잘 알아야 행복한 마음도 습관인 것처럼 행복한 것을 많이 누릴 수 있고 가질 수 있으며, 주변에게도 행복한 감정을 충만하게 느끼게 해 줄 수 있기 때문이다. 그러니 자신이 제일 먼저 행복해야 하는 것이다. 행복한 인생을 잘 즐기면서 살아가기 위한 삶이 만들어졌는데, 굳이 인생을 힘들게 살아야 할 것인가? 그것 또한 자신이 선택하는 것이다. 인생을 행복한 패턴을 만들 때 내가 행복해서 이룰 수 있는 것들로 채워라. 인생을 뜻깊고 행복하게 만들어라.

인생이 주는 것에 항상 감사하며 당신의 인연들과도 잘 지내며 서로 행복을 나눠주는 시너지 같은 사람들과의 모임을 가져라. 얼마나 행복하겠는가?

아무리 힘든 상황이 닥쳐도 내가 행복한 마음으로 살아가다 보면 자신의 힘든 상황 또한 충분히 이겨 낼 수 있는 강한 자신감이 생기기 때문이다. 늘 행복한 마음가짐을 절대로 놓치지 말며, 인생은 제2막을 만들어 보는 것이다. 항상 똑같은 패턴으로 쳇바퀴 돌아가듯이 인생 또한 쳇바퀴 같은 인생을 보내게 될 것이다. 그러니 자신의 행복을 찾기 위해서라도 내가 해보지 못하고 하고 싶었던 직업이 있으면 꼭 하는 걸 추천한다. 그래야 일의 능률도 올라가고, 자신만의 인생을 만들어 갈 것이기 때문이다. 다른 사람 인생에 늘 친절을 베풀어라.

그렇게 삶이 주는 것에 항상 감사하는 마음으로 살다 보면 인생에 참으로 달라지고 생각하는 것 또한 달라지고 만나는 사람들 또한 달라질 것이니 말이다. 인생은 건강하게 살아가는 것 또한 정말로 큰 축복이고 행운이다. 늘 주변 좋은 친구가 있는 것 또한 정말로 행복한 습관을 만들기 위해서 꼭 필요한 존재이다. 늘 행복한 상상을 하고 조금씩 내가 할 수 있는 부분에서 행동을 보여야 한다. 자기 계발에서 멈추는 것이 아니라 거기서 더 배우고 어떻게 하면 인생이 더 잘 풀릴 것이다.

그러니 인생을 늘 행복한 마음가짐으로 유지하고 행복한 취미생활을 꼭 만들어서 특히 만드는 것 자체가 잡념을 사라지게 하며 인생에서 내가 그린 그림으로 삶의 성취감과 자존감이 올라가는 것이다. 더 풍요롭고 행복한 삶을 살아가는 것이다. 늘 그렇게 마음에 새기면서 행복한 마음에 대한 습관을 찾아가는 것이 정말로 중요하다.

2

그대의 소중한 모습을 찾다 보면 거기에 답이 있다

—

행복한 마음도 습관이다. 행복하게 상상하는 것도 습관이다. 행복한 모습을 찾아가는 것도 습관이다. 행복한 모습만을 그려라. 늘 습관처럼 자신의 행복한 모습이 완성되어 있다고 빌어라. 그러다 보면 인생은 더 멋지게 행복한 길로 당신을 인도할 것이다. 늘 행복한 습관처럼 행복한 모습만 상상했다.

자신이 발전하고 성장하는 모습을 그리다 보니 자신의 성장한 모습이 완성되어 있을 것이다. 늘 배우려는 자세로 성장하는 것에만 나만의 그림을 그리고 늘 배우는 것이 얼마나 뿌듯한가? 상상하면서 나의 인생을 멋지게 꾸며 낼 생각으로 살아가다 보니 인생은 늘 나를 더 멋진 곳 더 성장할 수 있는 곳으로 자신의 길로 만들어 주는 것이다.

인생은 그렇게 완성해 나가는 것이다. 힘든 일을 겪음으로써 더 성장하고 작은 일에도 감사하는 마음이 생긴다. 감사하는 마음이야 말로 자신의 감정에도 풍요로움을 느낄 수 있기 때문이다. 다른 사람들에게서 아닌 자신에게서 답을 찾을 수 있는 방법을 찾을 수 있기 때문이다. 늘 배우려고 하는 자세와 감사하는 마음이야말로 나의 행복한 습관이 만들어지고 행복으로 가는 길이 완성되기 때문이다. 인생은 언제나 감사하는 마음이 정말로 중요하다. 인생에서 답은 감사하는 마음이다. 그래야 좀 더 여유로운 마음가짐을 가질 수 있게 된다.

다른 누구가 아닌 나 자신이 다른 사람을 소중하게 생각하는 마음을 가질 수 있게 해주는 것이 바로 감사하는 마음이다. 감사하는 마음은 나를 행복으로 가는 길로 인도 해주는 하나의 길이다. 인생은 늘 고단하고 힘들다고 생각하지 말며, 그 상황에서 벗어나고 싶다면 자신이 먼저 변해야 그 힘든 상황에서 이겨 낼 수 있다. 남이 인생을 만들어 주는 것이 아니고 자신이 거기서 인생의 답을 찾는 것이라고 생각하라. 인생은 그렇게 멋있게 펼쳐질 것이니 말이다. 인생에 있어서 답은 그렇게 완성해서 만들어 가자. 인생의 답을 찾을 것이니 말이다. 당신 자신 안에서 답이 있다. 그대를 원하는 것이 이미 그대 안에 있기 때문이다. 자신이 행복해 하는 모습과 자신의 성공한 모습을 매일매일 그려 가는 것이다.

답은 그렇게 만드는 것이다. 인생의 답은 찾아가다 보면 삶이 주는 선물 같은 하루가 주어질 것이다. 인생에 답이 있다는 것이 얼마나 행복한 일인가? 그런 행복한 일을 찾아서 가는 것이다. 삶이 주는 선물을 늘 당신에게 선물처럼 찾아 올 테니 말이다.

자신의 모습을 사랑하라. 그렇다면 멋있는 인생이 펼쳐질 것이니 말이다. 자신 안의 있는 답을 찾아라. 늘 배우고 성장하라. 그것이 나에게 행복한 습관에서 행복한 길로 가는 것이니 말이다. 그대에게 언제나 멋있는 인생이 기다리고 있다. 인생은 정말로 멋지게 당신을 행복으로 이끌어 줄 것이다.

늘 감사하는 마음으로 배우고 상상하고 꿈을 꾸어라. 인생의 답은 당신 안에 있다.

사랑하는 사람들과 소중한 사람들을 절대로 잊지 말며, 늘 멋있는 모습으로 당신에게 찾아올 것이니 말이다. 자신이 원하고 바라는 꿈만 꾸고 인생에 멋있는 삶을 찾아라. 성공하는 당신의 모습만을 그려라. 그렇게 답은 당신에게 성공만을 줄 것이니 말이다. 그렇게 인생은 멋있고 설레게 다가올 것이다. 그대는 얼마나 멋있는 삶을 살고 있는가? 나는 항상 자신의 꿈과 미래의 모습을 알고 있기 더 당당하고 멋지게 찾아 가는 것이다. 인생에 어떤 것들이 당신을 걸고 넘어 지더라도 다시 일어나라. 그렇게 인생의 삶을 꿈꾸고 바라는 것이다. 디딤돌로 삼고 일어서라. 인생은 그렇게 멋있게 오는 것이다. 삶을 늘 즐기고 살아가는 것이며, 그대의 인생에 멋있는 삶이 점점 더 크게 빠르게 오는 것이다.

행복한 마음도 습관이다. 행복한 마음으로 매일매일 즐겁고 행복한 일만 꿈꾸는 것이다. 행복한 길이 당신에게 고속도로처럼 빠르게 올 것이다. 인생의 답은 그렇게 오는 것이다.

나의 미래를 계속적으로 꿈꾸고 바라고 상상하며 인생에서 즐겁고 행복한 모습을 계속 행복한 매일만 있을 것이니 말이다. 인생은 그렇게 천국에 온 것처럼 즐기면서 살아가는 것이다. 인생을 행복하고 천국처럼 살아가는 것이 인생에 승리자이다. 인생은 뭐든 성공자 마인드로 삶을 나아가는 것이다. 인생은 그렇게 삶이 주는 선물처럼 다가올 것이니 말이다. 나는 인생을 살아오면서 답은 늘 정해져 있다고 생각한다. 너무 힘든 일 있다고 계속 그 힘든 일에 매몰되어서는 안 된다. 힘든 일에 절대로 좌절하지 말고 포기하지 말며, 성공한다는 마음가짐으로 인생을 살아가고 행복한 마음으로 인생으로 살아가는 것이다. 인생은 그렇게 멋지게 올 것이니 말이다. 답은 늘 언제나 성공하는 마음가짐으로 사는 것이다. 나의 행복한 미래를 그리면서 행복하게 살아가는 것이 더욱 풍요롭고 멋진 인생으로 만들어 줄 것이다. 삶이 주는 선물을 더욱 감사한 마음으로 받아라. 감사하는 마음이야말로 그대를 풍요의 길로 인도해 줄 것이다. 감사하는 마음은 더욱 당신을 더 큰 자신으로 성장하게 도울 것이니 말이다. 자신에게서 인생의 희망을 놓치지 말라.

자신이 바라고 꿈꾸는 삶이 얼마나 멋진가? 그대를 위해서 선물을 언제나 준비되어 있다. 선물을 기쁘게 받으면 되는 것이다. 인생을 참으로 감사한 것들로 나를 채우는 것이다. 내가 성공한 자의 마인드로 인생을 만들어가고 인생을 즐기게 된다면 나를 둘러싼 모든 것이 나를 성공의 길로 인도를 해줄 것이다. 그대를 위한 삶을 더 뜻깊게 멋있게 살아가기를 바란다.

자신이 사랑하는 사람들과 함께 인생을 즐기다 보면 인생을 더 아름답고 찬란하게 빛이 날 것이니 말이다. 그대는 언제나 소중한 하루를 아름다운 하루를 보내는 것이 충분히 능력이 되는 삶을 살 수 있다. 그런 삶이 주는 하나하나 얼마나 감사하겠는가? 그대를 위한 삶이 주는 아름다운 인생의 길을 걸어보는 것이다. 나를 아끼고 사랑하는 것이야말로 삶이 주는 다양한 가능성과 다양한 경험을 할 수 있는 것이다. 인생에 얼마나 아름답고 찬란한 것들이 많이 존재하는가?

나는 인생의 큰 틀을 잡고선 살아가야 한다고 생각한다. 성공한 미래를 늘 자신이 바라는 미래는 가슴에 품어라. 절대로 원망과 분노와 좌절에 경험한 기분에서 벗어나라. 그대의 삶에서 절대로 도움이 되는 것이 없다고 할 수 있다. 인생이 주는 모든 것에서 감사함을 느끼고 나에게 고난과 고통을 주는 시간이 주더라도 충분히 감내하고 용서하고 인생을 뻗어나가라. 과거는 과거일 뿐이다. 절대로 과거의 삶을 살지 마라. 당신의 미래에는 전혀 도움이 되지 않기 때문이다. 더 아름답고 찬란한 하루를 꿈꾸면서 삶을 따뜻하고 사랑하는 마음으로 바라보라. 그렇다면 인생이 더욱더 멋지게 날아가게 될 테니 말이다. 인생은 그렇게 완성되어 가는 것이다. 그대를 위한 삶은 언제나 늘 준비되어 있기 때문이다. 그렇게 그 대를 위한 삶이 펼쳐지도록 늘 생각하고 노력하면 발전하라. 그렇게 더 큰 나로 성장해 있을 것이니 말이다.

더 크게 멋지게 인생을 만들어 가는 것이 얼마나 삶이 멋진가? 나를 위한 삶이 타인을 위한 삶이기도 하다. 그대가 원하는 인생을 크게 생각하면 도전하며 발전하는 것이다. 엄청나게 멋진 일들이 일어날 것이니 말이다. 그대를 절대로 과소평가하지 마라. 어떤 것이든 이룰 수 있는 자질이 충분하며 그런 인생을 살아갈 수 있기 때문이다. 남을 위한 삶이 아닌 나를 위한 삶을 살아가라. 그렇게 하나씩 내가 성취해 나갈수록 더 큰 나로 멋있게 도약할 것이니 말이다.

그대는 성장할 수 있다는 가능성을 충분히 가지고 있다. 인생에 감사한 마음을 늘 느끼고 사랑하는 마음으로 살아가라. 나는 그대가 얼마나 멋있는 꿈꾸는 삶을 살아갈 수 있을지 너무 기대가 될 뿐이다. 인생은 어느 하나 소중하지 않은 것들이 없다. 나는 항상 내가 바라고 바라는 마음가짐으로 인생을 꿈꾸면서 살아갔다. 더 크게 멋지게 성장할 수 있는 순간들 선택을 잘해야 한다. 인생은 그렇게 멋진 순간들을 만들어 갈 것이니 말이다. 그런 삶을 사는 것에 늘 감사하고 나의 주변사람들에게도 감사하는 마음으로 살아가라. 나에게는 어떤 것이 주어지든 멋있는 삶이 펼쳐질 것이니 말이다.

자신이 선택하는 삶이 더욱더 큰 선물로 다가올 것이니 그대는 늘 행복하고 아름답게 찬란하게 빛이 날 것이다. 그대를 위한 삶이 어떤 것이든 주어진 것에 늘 감사하라. 어떤 삶을 살든 행복하고 아름답고 꿈과 같은 인생이 펼쳐질 것이다. 그대가 선택하는 매 순간을 늘 좋은 것과 좋은 생각들로만 채우기를 바란다.

3

일상 속 습관에서 해결법을 찾다

—

나만의 목표를 세우니 모든 일을 능동적으로 하게 되는 습관이 잡혀 가며, 긍정적인 자세와 할 수 있다는 자신감을 찾을 수 있게 된다. 일을 하면서도 행복한 삶이 눈에 펼쳐져서 일의 능률도 올라가고 하루하루 뜻 깊게 보내는 것이 너무 행복했다. 나의 삶이 달라질 것이 보이니 아이들과의 사이와 남편과의 사이든 모두 행복하고 즐겁게 느껴졌으며, 모든 일이 술술 잘 풀려서 하루에 일이 깔끔하고 행복하고 삶을 즐겁게 보낼 수 있어서 너무 좋았다. 그렇게 인생의 답을 찾아가는 것이 너무 즐거웠다. 나는 손재주가 그렇게 좋지 않아서 만드는 것은 너무 어렵게 느껴졌지만, 자신이 좋아하는 취미생활 및 자신이 좋아하는 일을 하면서, 엔도르핀과 행복감이 매우 올라갔으며, 즐거운 하루를 보내는 것과 나의 미래를 생각하면서 삶을 보내다 보니 어떤 힘든 일이 있든 행복하게 미래 지향적으로 보내게 된다.

나는 힘든 일을 이겨 내는 것도 나의 감정에서 결정된다고 생각한다. 내가 너무 힘들고 지루하고 재미없다고 생각하면 모든 일이 더 잘 안되고 엉키게 되고 삶이 뜻대로 이루어지지 않는다.

힘든 고난과 삶이 닥치더라도 장애물이라고 생각하지 말고 그것 또한 나의 인생에 디딤돌이라고 생각하며 한 계단 한 계단 넘어가는 것이다. 그러면서 내 안의 거대한 거인이 깨어난다고 생각하며, 인생에 어려움 또한 나의 삶이 주는 축복이라고 생각하면 인생을 즐기고 행복하게 살아가는 것이다. 행복을 늘 멀리 있다고 생각하지 말자. 나의 편안한 휴식시간도 하나의 행복이며, 나의 집을 깨끗하게 청소하는 것도 행복이며, 내가 좋아하는 취미 생활, 내가 좋아하는 TV 프로그램을 통해서도 스트레스를 푸는 것이다. 뜻대로 되지 않는 인생에 마음을 편안하게 내려놓고 엄청난 짐 같은 일이 나에게 엄청난 좋은 운으로 다가 올 수 있다. 내가 가족과 함께 즐겁게 번 돈으로 여행을 다니고, 맛있는 음식을 먹으며, 좋은 곳에 돈을 쓰는 것 또한 행복의 하나인 것이다.

행복을 찾는 것은 그렇게 멀리 있지 않다.

그저 내가 바라고 꿈꾸고 이루고 싶은 꿈을 스스로 찾아서 행복을 이루어가는 것이라고 생각하면 된다. 인생이 너무 힘들지라도 그것은 당신의 그릇을 키우고, 당신의 능력을 키우는 것이라고 생각하면서 삶을 즐기고 행복하게 살아가면 되는 것이다.

인생을 어떤 삶이 펼쳐질지는 아무도 모르는 것이다. 인생에 답이 있다면 얼마나 좋겠는가? 하지만 답이란 언제나 내 안에 있으며, 그 답을 찾는 건 나 자신이라는 것을 잊으면 안 된다. 남이 나의 삶을 책임져 주지 않으며, 자신이 이루고 싶은 꿈을 찾아서 꿈을 이루어야 한다고 생각한다. 매일매일 삶이 주는 선물을 가슴 깊이 받아들이고 행복하게 찾아가면 되는 것이다. 자신이 이루고 싶은 꿈을 절대로 잊지 말고, 나의 꿈을 이루어 줄 사람을 직접 찾아가거나, 내가 나의 삶을 이룰 수 있는 방법을 스스로 찾아서 하나씩 계획하고 목표를 이루어 가면서 인생을 즐겁고 행복을 채워 나가면 된다. 인생에 답은 없다.

그 인생에 답을 아는 사람이 있다면 얼마나 인생이 편하고 쉽겠는가?

인생의 답은 없지만, 나의 삶의 목표와 이루고 싶은 꿈을 찾아서 내가 한 발짝 한 발짝 나아가는 것이라고 생각하며, 인생을 늘 풍요롭고 행복하게 즐거운 것들로만 채워가며 나의 목표와 맞고 삶을 이루어 가는 목적과 맞는 사람들과의 삶을 살아가는 것이 얼마나 행복하고 즐거운 인생일까? 자신의 주변에도 나의 꿈과 맞고 나의 삶을 이루어 가는 목적이 맞는 사람들과 삶을 즐기면서 살아가는 것이 얼마나 행복하게 느껴질 것인가? 그대 또한 그런 삶을 하루하루 채워 나가기를 바라고 행복하고 즐겁게 살아가면 좋겠다. 나의 삶을 이루는 것은 바로 나 자신이며, 나를 도와줄 수 있는 사람들로 채워 나가기를 바란다. 인생의 답은 언제나 자신 안에 있기 때문이다. 인생을 늘 행복한 마음으로 습관처럼 채워 나가기를 바라며 더욱 풍요롭고 행복한 삶을 살기를 바란다. 언제나 꿈은 우연히 자연스럽게 찾아 왔다. 내가 이루고 싶고 꿈꾸고 있는 삶을 이루어 가는 것이 얼마나 멋지고 행복한 삶인지 모를 것이다. 그렇게 마음을 풍요롭고 행복한 삶을 살아가다 보면 당신의 삶도 행복하고 즐거운 인생으로 채워질 것이다. 인생이 지루하더라도 내가 어떤 목적으로 살아갈지는 자신에게 달려 있다. 자연스럽게 나의 우주가 움직여 행복한 삶을 이룰 수 있도록 도와 줄 것이다.

즐겁고 행복한 삶을 살아가는 것이 얼마나 멋진 일인가?

그것도 자연스럽게 이루어진다면 말이다. 삶의 목적의식을 가지고 남에게 좋은 영향력을 준다고 생각하면서 삶을 살아가다 보면 인생은 더욱 멋지고 아름답게 꾸며질 것이다. 그대가 어떤 꿈을 품고 이룰 것이고, 그대가 어떤 꿈의 목적과 삶을 크게 가지느냐에 따라서 인생에 방향과 삶의 풍요로움도 달라질 것이다. 절대로 좌절과 실패로 자신의 삶의 목적을 잃지 않는 것이다. 자신의 꿈도 절대로 잃지 마라. 그대가 어떤 삶에 목적을 살고 이룰 것인지는 자신에 목적과 삶의 방향을 꼭 찾아서 이루기를 바란다. 그대는 충분히 그럴 만한 자격이 있으며, 그럴 만한 삶을 살아갈 수 있는 영향력 있는 사람이 충분히 될 수 있기 때문이다. 그대의 삶을 찾아서 목적을 이루고 그대의 삶의 방향을 찾아서 꿈을 이루기를 바란다. 나는 아픈 과거와 슬픔을 늘 가지고 살지만, 그것 또한 나의 디딤돌이며 행복한 삶을 이루는 초석이라고 생각한다.

나의 삶을 누가 망치거나 깨뜨릴 수 없으며, 그 삶의 목적을 자신이 꼭 찾아서 이루어 삶을 즐겁고 행복하고 풍요롭게 이루어 가면 얼마나 멋진 인생일 펼쳐질 것인가? 나는 그것 또한 삶이 주는 큰 선물이라고 생각하며 삶이 주는 축복이라고 생각한다. 내가 귀인을 만나는 것 또한 삶이 주는 큰 목적이며 큰 삶을 이루는 목적과 의식은 절대로 잊어서는 안 된다.

삶이 주는 목적과 행복을 찾아서 인생을 즐겁고 아름답게 찾아가는 것이다. 내가 삶에서 큰 행복과 사랑을 준만큼 그것 또한 나에게 다시 돌아온다고 생각하며, 인생이 주는 삶을 찾아서 가는 것이다. 나는 어떤 어려움이 있든 목표를 절대로 잊지 않고선 찾아서 가다 보면 삶이 나에게 엄청난 선물이 기다리고 있으며 삶이 나에게 커다란 선물처럼 다가 올 것이라고 생각한다. 삶을 늘 즐겁고 행복하게 살아가는 것이다.

인생의 답은 언제나 늘 정해져 있다. 자신이 품고 있는 꿈을 놓치지 않고선 나아가다 보면 저절로 술술 인생이 풀릴 것이다. 큰 고난이 오더라도 그 고난을 딛고 더 큰 나로 성장하는 것이다.

행복한 삶을 살기 위해 태어났으며, 그대가 이루고 싶은 꿈을 이루기 위해 태어났다고 생각하면서 늘 행복하고 즐거운 인생을 목표로 삼고 살아가자. 인생을 즐기면서 행복하고 뜻깊게 보내다 보면 인생이 얼마나 멋지게 될 것인가? 항상 나의 꿈을 생각하면서 나는 우리 가족을 절대로 잊어 본 적이 없다.

인생에 삶을 살아가는 것이 얼마나 멋진 일인가? 나는 자신의 꿈을 이루기 위해선 하나씩 그 꿈을 찾아서 나아가는 것이다. 삶이 주는 것을 늘 기쁜 마음으로 선물처럼 받아서 인생을 즐겁고 행복하게 사는 것이며, 그러면 행복한 인생도 행복하게 찾아오고 행복하게 이룰 것이다. 인생에 있어서 즐겁고 행복하게 사는 것이 얼마나 행복한 일인가? 삶이 주는 방향성을 절대로 잊어서는 안 된다. 나의 삶을 찾아가는 것이 얼마나 위대한 일인지 잊지 말자. 행복한 마음도 절대로 잊지 말자. 행복한 마음을 행복하게 이루다 보면 인생에 목표도 이루고 행복한 삶이 채워질 것이다. 그대여, 언제나 행복한 삶을 살고 다른 사람에게도 행복한 삶을 주자. 행복한 삶을 즐기고 행복한 삶을 주다보면 행복한 인생이 선물처럼 더 멋지게 올 것이다. 그대가 어떤 힘든 일이 있더라도 작은 습관으로 감사한 마음, 행복한 마음으로 멋있게 인생을 살아가자. 인생을 꾸며 나가는 것이다. 행복을 찾기 위해서 내가 넘어갈 장애물이 있더라도 삶의 목적을 절대로 잊지 않는 것이다. 매일 멋진 인생을 살아가다 보면 더욱 풍요로움을 즐기고 느끼고 즐겁게 살아갈 것이다. 우울한 나의 감정과 슬픈 나의 마음과 화가 난 마음을 그냥 감정을 지켜보면서 점점 사라져 갈 것이니, 그 감정을 붙잡거나 매몰되지 않는 것이 중요하다.

4

나만의 목표를 세우면 기쁨이 저절로 따라온다

—

내가 이루고 싶은 꿈과 내가 이루고 싶은 일과 내가 가지고 싶은 소득과 일의 성취도 자연스럽게 올라갔다. 내가 이루고 싶은 꿈을 위해서 행복한 감정 패턴을 찾으니 저절로 행복한 감정 패턴을 찾아가는 것이다.

나의 꿈을 이루기 두렵고 무서워서 힘들다고 생각한 적도 많았을 것이다. 그런 삶이 살아가는 것이 너무 힘들었던 적도 많지만 자신이 이루고 싶은 꿈을 알고 있기 때문에 꿋꿋이 버텨 나가는 것이다.

두렵다고 생각하지 말고, 어떻게 하면 나의 꿈을 이룰 수 있는지 구체적인 생각과 방법과 실천하는 행동이 필요하다. 인생에 있어서 이루는 것은 자신에게 달려 있다. 어떤 목적이든 내가 그 꿈을 이루겠다는 마음 가짐 하나로 인생을 하나씩 밟아가다 보면 인생에 목표에 한걸음 크게 다가갈 것이다. 인생의 답은 내가 정하는 것이다. 삶이 주는 목적도 내가 정하고 삶이 주는 선물도 내가 가져가는 것이다. 늘 행복한 꿈을 이루기 위한 삶을 찾아서 이루어 가는 것이다. 내가 인생을 찾아가는 것이다.

   방법을 정확히 아는 사람을 찾아가는 것도 내가 이루는 것이고, 인생에 답과 성공을 이루어 줄 사람을 찾아가는 것 또한 내가 찾는 것이다. 인생에 나의 삶을 이루고 목표를 찾아주고, 멘토가 되어 주는 사람들이 주변에 많다면 인생이 너무 행복하고 아름다울 것이다. 그만큼 인생이 더욱 멋지고 당신도 충분히 꿈을 이룰 수 있으며, 그 꿈을 이뤄서 행복해질 권리가 있다. 인생이 다이내믹하고 즐겁고 행복한 삶을 살아가는 것이 당연하다고 생각한다. 그것 또한 자신이 어떻게 삶을 이루고 삶을 살아가는 것이냐에 따라 말이다. 인생에 힘든 일이 있더라도 절대로 무너지지 말자. 인생에 있어서 그냥 하나의 디딤돌일 뿐이다. 디딤돌을 밟고선 더 높은 곳으로 올라가는 것이다. 더 높은 성취와 더 높은 꿈을 이루기 위한 과정일 뿐이다. 그 힘든 일을 삶의 경험으로 삼을 것인지 아니면 나의 실패와 좌절로 삼아서 인생을 삶의 구렁텅이로 빠지게 할 것인지는 자신의 선택에 달려 있다고 생각한다. 자신의 인생은 자신이 채워 나가는 것이다.

즐겁고 행복하게 살다 보면 인생이 얼마나 풍요롭고 멋있고 다채롭게 채워질 것인가?

내가 어떻게 생각하고 어떻게 행동하느냐에 따라서 달라진다. 인생을 좀 더 편하게 사는 것 또한 행복한 삶이고 인생을 좀 더 다양한 경험과 나의 그릇을 키워 나가는 것에 목표가 있으면 그것에 맞춰서 인생을 찾아서 살아가는 것이다.

인생을 즐거움을 찾아가는 것이라고 생각하면서 살아가고, 인생에 답은 언제나 정해져 있다고 생각하고 뭐든 좋은 생각과 좋은 행동으로 꿈을 이루어서 살아가는 것이다. 삶이 주는 행복은 늘 바로 앞에 있으며 인생을 즐기고 행복하게 살아가다 보면 인생의 답이 있기 때문이다.

정말로 내가 이루고 싶은 꿈꾸고 있는 삶을 살고 있는가? 내가 원하는 꿈을 살고 있는가?

그대에게 답을 찾아주는 것이 누구일까? 책이 될 수도 있고, 귀인이 될 수 있고, 하나의 동영상이 될 수도 있다. 하지만 정말로 꿈을 이루기 위해서 그 꿈을 이룬 사람을 찾아가는 것이다.

그 꿈을 이룬 사람을 찾아가다 보면 하나씩 내가 이루고 싶은 꿈이 이루고, 삶이 주는 선물을 받는다. 정말로 그대에게 꼭 조언을 해주고 싶은 것은 그 꿈을 이룬 사람을 찾아서 답을 얻는 것이다. 그것이 부의 추월차선을 타는 것이라고 생각하며 훨씬 더 쉽고 멋지고 행복한 인생을 사는 것이다. 인생의 답은 그렇게 찾아가는 것이다. 나는 정말로 이루고 싶은 꿈은 이루는 것 또한 정말 사람과의 인연에서도 만난다고 생각한다. 어떤 인연을 맺고선 찾느냐에 따라서 인생은 정말로 즐겁고 행복한 삶이 펼쳐진다고 생각하며, 주어진 인생에 절대로 잊어서는 안 되는 것이 바로 감사하는 마음이다. 감사하는 마음으로 살다 보면 감사한 일들이 이루어지기 때문이다. 첫 번째로 감사하기, 두 번째로 감사한 마음은 절대로 잊어서는 안 된다.

나는 어떤 사람이 나에게 안 좋은 소리를 해도 그에게서 항상 배울 점을 찾는다. 배우다 보면 즐겁고 행복한 마음이 점점 더 커져서 나의 그릇이 커지는 것이다. 삶이 주는 목표를 언제나 늘 마음에 품고 있다. 늘 행복하고 감사한 마음으로 인생을 주는 선물을 받자. 더 큰 선물이 나에게 올 것이다. 행복한 마음도 늘 매일 채워나가자.

어떤 힘든 일이 있든 그 힘든 상황에서도 즐겁고 행복한 마음으로 살아가는 것이며, 힘든 일이 있어도 행복한 감정을 가지고선 내가 힐링할 수 있는 것 하나씩 찾아서 즐겁고 행복하게 살아가는 것이다. 기분 좋게 일어나야 행복하게 꿈을 이루는 것이다. 그래서 일어날 때 행복하고 즐거운 마음을 가지고 내가 이 아침을 어떻게 행복하게 채워 나갈 것인지 내가 해야 할 일을 정확하게 생각하고 목적을 찾아서 가는 것이다. 오늘 해야 할 일을 꼭 찾아서 하나씩 이루어가보자. 그러다 보면 삶이 주는 선물을 선물처럼 받을 것이다. 그래서 나만의 행복 루틴을 찾아가는 것이 중요하다고 생각이 든다. 나는 우울한 생각이나 불안한 생각이나 힘든 생각이 들 때 좋은 생각과 즐겁고 신나는 노래를 듣거나 아무 생각 없이 휴식을 취한다.

늘 삶이 행복한 일들로 가득했으면 좋겠으나, 모든 일이 내 뜻대로 되는 것은 없으며, 늘 있는 것이 아니기 때문에 나만의 행복한 습관을 찾는 것이다. 내가 불안하고 힘든 생각을 할수록 더욱 안 좋은 일들이 끌려오기 때문이다.

그러니 더욱 좋은 생각과 행복한 생각으로 나의 삶을 채워 나가자. 인생이 좀 더 행복한 삶을 찾을 수 있게 말이다. 나만의 행복한 습관 행복한 마음을 계속적으로 품고 하루를 보내다 보면 행복한 일들을 저절로 이루어지기 때문이다. 어떻게 하면 행복한 꿈을 꿀지는 자신에게 달려 있기 때문이다. 행복한 마음으로 행복한 일들을 만들어 가보자. 감사한 마음이 얼마나 중요한지 모르겠다. 인생을 즐겁고 아름답게 꾸미는 것 또한 하나가 바로 감사한 마음이 아닌가 싶다.

행복을 늘 가까이 있기 때문이다. 아픈 상처와 추억으로 인생을 낭비 하지는 않는 것이다. 아픈 상처와 추억으로 소중한 나의 꿈을 잃어버리 지 말자. 나의 소중한 하루하루를 망치지 말고 행복한 마음가짐으로 나 의 삶의 목적과 꿈을 이루는 것이다. 그것이 나의 삶을 이루는 데 얼마나 큰 도움이 되겠는가?

어떤 삶을 만들어갈지는 전적으로 자신에게 달려 있다. 더 다양한 삶 을 살아가고 싶은 사람은 열심히 사는 것이고. 인생은 좀 더 편하게 쉬어 가면 살아야겠다고 생각하는 사람은 그렇게 살아가는 것이다. 인생을 편 안하게 자연스럽게 살아가는 것도 행복이다. 인생에 주어진 목적을 찾아 서 살아가는 것도 매일 자신이 선택에 따라서 달라진다. 기회는 언제든 주어진다.

인생을 즐겁고 행복한 꿈들로 채워 나아가다 보면, 자연스럽게 나에게 그 선택이 나에게 다가오게 된다. 거기서 엄청난 시너지를 받고 엄청난 삶에 대한 동기 부여를 받기 때문이다. 내가 어떤 기분으로 어떤 목표를 갖고 있는지도 참 중요하다. 삶에서 느끼는 교훈과 삶을 절대로 잊어버리지 말자. 자신이 목표로 하는 삶을 찾아서 살다 보면 즐겁고 행복하게 살아갈 것이다. 나의 살아가는 목적은 우리 가족의 행복이다.

첫 번째로 우리 가족의 행복 두 번째로도 우리 가족의 행복이며, 가정이 행복해야 삶이 정말로 행복하게 편하게 이루어진다고 생각한다. 인생에서 행복은 자신이 어떤 것에 가치를 느끼느냐에 따라 달라지는 것이다. 행복을 무조건 쟁취하겠다는 마음가짐으로 늘 열심히 하루하루를 살아가는 것이다. 누구든 어떤 삶이든 살 수 있고 이룰 수 있다고 생각하며 어떤 꿈을 이룰 수 있다고 생각한다. 삶은 언제나 선물처럼 다가오기 때문이다. 인생은 내가 정하는 것이다. 삶의 목적을 절대로 잊지 않고 늘 행복하게 멋지게 이룰 수 있는 하나의 과정일 뿐이라고 생각하면서 어려움을 꿋꿋이 이겨 내는 것이다. 살면서 다양하게 힘든 일이 있었고 육아를 하면서도 정말 힘들고 우울증도 왔었지만, 우리 아이들을 보면서 버텼으며, 내가 정말 아이들을 잘 키울 것이라는 생각을 가지고 살아왔다. 육아를 하면서 우리 아이들의 꿈을 꼭 이루게 해줄 것이라는 마음가짐으로 살아왔다.

5

즐거운 감정 패턴을 찾으면 일의 성취도도 오른다

—

소중한 그대의 모습은 언제나 아름답다. 어떤 모습을 살던 그대는 소중하게 여기는 것에 답이 있다. 자신이 생각하는 나의 이룬 모습과 원하는 성공한 모습을 상상하게 그리는 것이다. 그리고 그 목표에 맞는 나의 생각을 잘 찾아서 이룬 모습을 상상하라. 그러다 보면 인생이 달라지고 행복한 나만의 길을 찾을 것이다. 내가 원하는 모습을 이룬 느낌으로 하루하루를 보내는 것이다. 내가 이룬 모습을 생각하면서 행동으로 옮겨야 한다. 행동으로 옮겨야 인생의 큰 틀도 바뀌게 되는 것이다. 자신이 늘 원하고 꿈꾸는 삶은 이미 미래에 완성되어 있기 때문이다. 실패를 하더라도 실패에서 배우는 것이며, 실패를 딛고선 더 큰 나로 성장하는 것이다. 실패하더라도 성공을 위해서 도전하고 방향을 바꾸면 되는 것이다.

절대로 실패에서 좌절하지 마라. 당신 안에 위대한 힘이 있기 때문이다. 자신이 원하는 것을 갖기 위해 행동하는 것이 중요하다. 행동할 때 성과물로 나타나게 되는 것이다. 누구나 완벽하게 한 번에 성공할 수 있다고 확신할 순 없지만, 거기서 절대로 좌절하지 말고, 딛고 일어서는 것이다. 나는 항상 내 안에 답이 있다고 생각한다. 소중한 모습을 찾아가다 보면 거기에 답이 있다. 늘 자신을 항상 아끼고 사랑하기를 바라며, 자신을 사랑할 줄 아는 사람이 다른 사람들도 진정으로 사랑할 줄 알기 때문이다. 항상 감사하며 모든 것이 잘된다는 마음가짐을 절대로 잃지 않는 것이며, 문제의 답은 찾으면 무조건 있기 때문이다. 내가 갖고 있는 것에 감사하며, 다른 사람들과는 비교하지 말라. 비교를 하는 것 자체가 나의 삶의 질을 떨어뜨리는 것이다.

내가 가지고 있는 것에 항상 감사한 마음이 정말로 중요한 것이다. 나의 건강한 몸과 나의 건강한 마음과 나의 건강한 가족들이 얼마나 소중한가? 내가 가는 길이 항상 밝지만은 않을 것이며, 순간에 장애물도 있을 수도 있다. 하지만 힘듦을 잘 딛고 견뎌서 나의 성장의 발판으로 삼는다면 그것이 진정한 나의 것이 될 것이다. 나도 너무나 힘든 적이 많았기에 그 삶이 주는 고통에서 절대로 져서는 안 된다. 내가 가지고 있는 것에 항상 충만한 마음을 느껴야 하며, 항상 자기 계발을 하면서 자신이 원하는 것을 이루는 모습을 늘 가슴에 품고 있어야 하는 것이다. 그렇다면 진정한 그대의 삶을 찾을 것이다. 삶은 우리에게 늘 행복과 사랑을 주기를 기다리고 있다.

내가 정말로 한 평생 소중하게 생각한 것들을 생각해 본 적 있는가? 내가 꿈꾸고 이룬 모습을 늘 나의 화목한 가정을 이룬 모습이 너무 감사한 마음뿐이다. 늘 내가 이루고 싶은 걸 이미 이루었다는 마음가짐으로 하루하루 살아가면서, 작은 것부터 실천해 보자. 작은 것을 실천하는 방법으로 성취감과 내가 해내고 있다는 마음가짐으로 살아가는 것이다. 성취감을 얻을 때마다 내가 뭐든 할 수 있다는 자신감으로 할 수 있는 것이다. 경험상 주식투자나 부동산 투자는 정말로 내가 충분히 공부를 해서 투자를 해야 하는 것이며, 누구의 말을 듣고 하는 것은 아니다. 정말 운 좋게 수익이 날 수 있지만, 그것이 전업투자자가 아니면 직장인처럼 월

급을 받으면서 살기는 쉽지 않다.

주식은 전문 투자자에게 배우고 공부를 해서 투자를 하는 것을 권한다. 자신이 원하고 소중하게 하는 것을 항상 생각하는 것이 자신이 행복으로 가는 길이라고 생각하면 된다. 인생에 있어서 중요한 것이 무엇인가는 항상 내가 생각하고 원하는 것을 이루겠다는 강한 마음가짐 하나면 된다. 자신이 원하고 꿈꾸는 것을 바라는 것은 이미 이루었다라고 생각하면서 행복한 느낌과 성공한 느낌을 기억하고 절대로 잊지 않는 것이다.

그것이 당신의 미래가 될 것이니 말이다.

자신에게 언제나 꿈을 꾸고 미래를 위해서 한 발짝 나아가는 것이다. 과거의 기억은 어떻게 되었든 생각하지 말라. 아픈 상처와 과거는 과거일 뿐이며, 현재를 나아가는 것이 중요하다. 현재 원하고 꿈꾸는 삶을 그려라. 그것은 이미 미래에 완성되어 있으니 말이다. 당신에 소중한 모습을 절대로 잃지 마라. 당신은 모든 순간을 잃는 것이라고 생각하면 되며, 당신에게 있어서 당신은 정말로 소중하며 소중한 당신이 원하는 것을 가질 수 있는 충분한 자질과 능력이 되기 때문이다. 그것을 절대로 잊지 말고 나아가는 것이 중요하다. 자신이 원하는 꿈을 이루는 것이다. 당신의 꿈을 꾸고 바라고 상상하고 바라라. 그러면 이룰 것이니 말이다. 그대는 언제나 빛나는 사람이니 성공자의 마인드로 늘 전진하고 발전하라.

당신의 선한 영향력이 점차 퍼져서 더 큰 선물이 되어 돌아올 것이다. 나는 항상 힘든 상황에서도 내가 이룰 미래를 알고 있고 있기 때문에 어떤 힘든 상황과 좌절이 오더라도 꿋꿋이 버텨내고 이겨냈다. 모든 성공자들은 쉽게 성공할 것이라고 생각하지만. 그 힘들었던 순간을 모두 이겨내고 버텨내서 성공한 것이다. 쉽게 성공한다는 마음가짐이 아니라 할 수 있는 모습을 꿋꿋이 버티고 이겨 내는 것이며, 그것이 당신에게 엄청나게 멋진 인생을 만들어 줄 것이니 말이다. 항상 감사한 마음을 절대로 잊지 말며, 감사한 마음이 배로 커져서 더 큰 감사한 일들로만 가득할 것이니 말이다. 항상 힘든 일을 통해서 배우고 자신을 한번씩 되돌아보고 늘 실패를 통해서 더 많이 성장하고 배우는 것이다.

그것이 엄청난 시너지가 되어서 나에게 돌아올 것이니 말이다. 실패는 실패가 아니라 디딤돌이 되는 나의 발판일 뿐이다. 그대는 언제나 멋진 인생을 살게 될 것이며 그런 삶만을 살 것이다. 항상 좋은 것, 좋은 모습을 보면서 더 발전하고 행복한 삶을 편안하게 느끼면서 살아가면 되는 것이다. 나는 정말로 어렵고 힘든 결혼 생활을 10년 동안 하면서 아이들을 키워 왔다. 하지만 내가 원하고 꿈꾸는 삶을 바라고 살았으며 그런 꿈들이 현실로 이루어졌다. 나는 항상 엄청난 고난 뒤에는 엄청난 좋은 일들이 가득하게 펼쳐질 것이라고 생각하며 살았다.

그러면 세상은 당신에게 엄청난 선물을 안겨 줄 것이니 말이다. 나 또한 아이들을 키우면서 엄청나게 같이 성장했다. 정말로 힘든 고난을 통해서 나도 성장했다. 더 발전되어 갈 수 있었기에 감사할 뿐이다.

너무나 멋지고 아름다운 인생이 만들어질 것이니 말이다. 그대는 목적을 가지고 살아가는 것이며, 그대의 삶은 너무나 반짝이며 매일매일 더 크게 성장해가는 것이다. 멋진 모습으로 성장하는 것이 얼마나 자랑스러운가? 남이 뭐라고 하든 신경 쓰지 말고, 그대가 꿈꾸고 바라는 모습만 상상하라. 그렇다면 이룰 것이니 말이다.

그대는 언제나 삶이 주는 선물을 절대로 잊지 말라. 그대에게 멋있고 행복한 삶이 펼쳐지니 말이다. 나는 매일 아침 아이들과 전쟁 같은 아침을 보내고 일상을 보내지만, 그런 일상 속에서도 즐겁고 행복하게 일하려고 늘 준비하고 노력한다. 사소한 것에 행복이 늘 있기 때문이다. 그대에게 주어진 선물이 멋있지 않은가? 사랑하는 당신에게 가족은 정말로 떼려야 뗄 수 없는 것이다.

나에게 가족은 언제나 감사한 마음으로 살았다. 특히 아픈 우리 엄마이지만, 엄마를 통해서 나는 사랑을 배웠기 때문이다. 어려웠던 환경 속에서 힘든 와중에도 엄마를 통해서 위안을 받고 버텼다. 같이 힘들었고 슬픔을 알기에 더욱 버틸 수 있었다. 그 힘듦을 통해서 나는 성장하고 버티면서 자라왔다. 그대는 어떤 삶을 살고 싶은가? 그대가 원하는 삶이 있는가? 나는 내가 원하는 삶을 알았기에, 미래에 나의 성공한 모습을 알고 있기에 더욱 강건히 버텼다.

자신이 원하는 삶이 있거든 꿈꾸고 행동하라. 미래는 그대의 것이니 말이다. 삶은 언제나 성공한 사람의 것이다. 좀 더 멋있고 발전하는 삶을 살아라. 당신에게 멋있는 미래가 완성되어 그대에게 시그널을 보내 줄 것이다. 그 시그널을 따라서 자신이 원하는 방향에 맞춰서 행동하며, 행동하는 자에게 성공이 있으니 말이다. 절대로 무섭다고 좌절하지 말고, 당신의 소중한 것들을 절대로 잃지 말라. 삶은 언제나 그대를 위한 멋있는 그림이 되어 있을 것이다. 삶은 언제나 나에게 최선의 것들을 가져다 준다. 자신이 충분히 이겨 낼 수 있는 아픔과 고난을 주지, 내가 넘어지고 실패할 만한 고난을 주지 않는다.

절대로 자신을 잃어버리지 말며, 마음속에 품고 있는 성공한 마인드로 나침반을 믿고선 나아가는 것이다. 그렇게 가다 보면 인생은 성공은 그대를 위해서 준비되어 있을 것이니 말이다. 거기서 당신의 성공한 모습이 되어 있을 것이다. 나는 자신의 성공하고 싶은 모습에 투자하라. 그것이 당신에게 성공을 가져다줄 것이다. 성공한 사람들도 얼마나 힘들고 고난을 겪었겠는가? 빠른 길을 찾을 수 있게 도와주는 스승 같은 분이기 때문에 그분에게 항상 감사하는 마음으로 늘 보답하겠다는 마음가짐으로 살아가라. 인생은 그럼 당신에게 성공할 수 있는 더 빠르고 멋진 길로 인도해 줄 것이다. 그 길을 찾아서 도전하고 나아가라. 책으로든 스승이든 답을 찾는 것이 중요하다. 그 답을 찾아서 나아가라. 도전하고 또 도전해서 답을 찾는 것이다.

거기서 답이 있다. 성공하는 나의 모습이 얼마나 멋지고 설레게 다가오는지 모르겠다. 성공하는 그대의 모습을 찾아서 가다 보면 인생이 멋지게 펼쳐질 것이다.

6

감사합니다, 사랑합니다, 축복합니다

—

행복을 찾아서 내가 이루고 싶은 목적과 성장에 포커스를 맞춰서 살아가다 보니 나의 삶의 만족도도 저절로 올라갔으며 인생의 행복도 저절로 따라왔다. 나는 힘들게 생각하면 할수록 힘든 일도 계속적으로 동시 다발적으로 일어났으며, 힘든 일을 자주 생각하거나 힘든 일을 자주 겪을수록 힘든 일이 저절로 더 커져만 갔다. 그런 일이 자주 발생하는 것에 대한 의문을 가지고 좀 더 발전적인 생각과 발전적인 행동으로 상황에서 벗어나려고 노력해야 한다.

내가 생각하는 나의 마음가짐과 내가 정말 이루고 싶은 꿈과 내가 정말 지키고 싶은 것을 절대로 놓쳐서는 안 되며, 삶이 나에게 어떤 시련과 실패를 주더라도 그 시련과 실패를 나를 더욱 큰 그릇으로 만드는 것 중에 하나일 뿐이라고 생각하는 것이다. 어떤 것이라고 하더라도 모든 일에는 나에게 항상 좋은 축복 같은 일들을 가져다준다는 마음가짐으로 매일매일 하루하루를 살아가는 것이다. 그런 일들이 모여서 점점 더 커다란 축복을 가져다준다는 것이 얼마나 큰 행복이겠는가? 삶이 주는 목표를 삼아서 그것이 이미 나의 미래가 되었고 완성되었다는 느낌을 절대로 놓치지 말라. 그 느낌으로 너를 더 높은 곳으로 더 성장할 수 있는 발판이 되어 주는 축복 같은 일들이 이루어지기 때문이다.

그런 인생을 살아가는 자체가 얼마나 멋지겠는가? 항상 작은 일이든 감사하는 마음을 절대로 잊지 마라. 그래야 내가 정말 힘든 고난과 힘든 과정을 있을 때 그 과정을 딛고 일어서는 원동력이 될 수 있으니. 감사하고 행복한 것을 절대로 멀리서 찾지 말라. 그럴수록 더더욱 행복이 멀어진다고 생각하면 된다. 얼마나 슬픈 일인가? 행복을 찾으려고 매일매일 하루하루를 돌고 돌아야 한다니 절대로 그러면 축복을 받아들일 수 없을 것이다. 항상 자신을 사랑하고 더욱 자신의 대해서 성찰하고 관찰하고 노력하는 것이다. 그러면 그럴수록 성장은 더욱 빨라지고 더욱 성장해 나갈 수 있을 것이다. 성장에 발 맞춰서 더욱 발전하는 삶을 살아가는 것 또한 축복이고 안정적인 삶을 살아가는 것 또한 축복이다. 어떤 것이 정답은 없지만, 그대가 선택한 삶에서 늘 행복과 축복이 같이 한다.

삶을 더욱 발전적인 방향으로 살아가는 것이 조금 더 재미있는 삶이 아닐까 싶다 발전적인 방향이라고 해도 내가 가지고 있는 취미생활을 좀 더 구체적인 삶에 방향을 잡는 게 중요하다. 일의 능률을 높이기 위해서도 취미생활이 나에게 엄청난 시너지와 일의 능률을 올려주는 것이 그만큼 나에게도 발전적인 방향을 좀 더 키워 줄 수 있다고 생각하면 된다. 나는 항상 즐겁고 행복하게 일해야 한다고 생각한다. 내가 일을 즐겁게 할수록 돈도 그만큼 저절로 따라오기 때문이다.

나는 항상 사이토 히토리 씨의 책을 정말로 좋아하는데 『1퍼센트 부자의 법칙』에 나온 "참 행복해", "참 고마운 일이야", "뭔가 재미있는 일 없을까?", "못할 것도 없지", "그런 것쯤이야 얼마든지", "나는 참 풍족해." 라는 간단하면서도 멋있는 주문이 평소에 따라 하기 쉬운 말인 거 같다. "언제나 나는 참 행복해", "나는 풍족해."라고 말하며 삶을 즐기면 행복이 저절로 따라온다고 생각한다.

어떤 선택을 하느냐에 따라 인생이 크게 달라진다고 생각한다. 정말 내가 원하고 바라는 것이 있다면 그것을 위해 선택에 최선의 노력을 해봐야 한다고 생각한다. 더욱 좋은 것은 자신만의 멘토를 찾는 것이다. 그렇게 멘토를 만나서 인생을 살아가다 보면 인생이 저절로 풀릴 것이며, 인생이 더 아름답게 펼쳐질 것이다.

내가 어떤 사람을 만나고 어떤 생각을 하느냐에 따라 매일매일 인생이 달라지며, 나 스스로 언제나 풍요로움과 행복이 당연하다는 마음으로 받아들이는 것이다. 나 자신을 사랑해야 다른 사람도 사랑할 줄 알며, 행복도 배로 올라간다. 편안한 마음으로 풍요는 언제나 나와 항상 같이 있는 것이라는 당연한 마음으로 지내는 것이다. 늘 즐겁고 행복한 마음으로 하루를 즐기면서 보내다 보면 인생을 발전 가능성을 보면서 성장해 가는 것이다. 성장은 나에게 삶의 원동력이고 나의 밝은 미래를 그려갈 수 있다는 사실에 너무 감사할 뿐이다.

인생은 살면서 행복하고 즐겁게 일하는 게 첫 번째이다. 일을 행복하게 생각하고 일을 해야 뭐든 일에 있어서 술술 풀리기 때문이다. 어떤 일이든 간에 내 삶에 있어서 즐겁고 행복한 사실을 잊지 말자. 자신이 원하는 꿈을 이루겠다는 마음가짐 하나로 전진하다 보면 언제나 꿈이 이루어져 있을 것이다. 당신의 목적이 무엇인지 정확히 알고 더 발전적인 삶을 살아가보자. 항상 사람들과의 관계에서도 행복해하며 감사하자. 사람들과의 관계에서도 서로 좋은 에너지를 주고받으면 서로 도움이 된다. 사람들 사이에 서로 맞지 않는 부분은 당연히 있다고 생각하고, 부부 사이에서도 10년, 20년 살아도 서로 맞지 않는 게 당연하다고 생각한다.

서로 다른 환경에서 자라왔기에 100%는 맞을 수는 없다. 서로에게 맞춰 가는 것이라고 생각하며 발전 가능성을 찾아서 인생의 답을 찾는 것이다. 답을 찾다 보면 나에게 맞는 길을 찾는 거라고 생각하며 인생을 즐기면서 나만의 페이스를 찾아서 걸어 가보는 것이다. 자신만의 페이스가 있으니 절대로 남과 비교하며 좌절하거나 주저앉지 말자.

이 세상에 태어났으며 행복하고 즐겁게 놀다 가는 것이며, 자신이 넓은 아량으로 인생을 풀어나가다 보면 뜻밖에 행운을 맞이하게 되고, 뜻밖에 행운으로 인해서 인생이 술술 풀린다. 그렇게 욕심을 버리고 가볍고 편안한 마음으로 하루하루를 감사하게 보내다 보면 인생이 즐겁고 행복한 마음으로 삶이 주는 풍족한 선물로 다가올 것이다. 힘들고 슬픈 일이 있을수록 운동을 하거나, 산책을 하거나, 나의 마음이 힐링될 일을 찾아보는 것이다. 그렇게 하다 보면 나의 마음도 가벼워지고 즐거워질 것이다. 행복한 일들로만 나의 하루를 꽉 채워보고, 매일매일 바쁘게 나의 삶을 채워 가다 보면 인생이 좀 더 다양해지고 풍성해질 것이다.

안 가보던 길을 가본다든지 안하던 취미 생활을 해본다든지 여행을 하든지 나만의 생활 패턴을 바꿔 보는 것도 삶의 활력소 원동력이 크게 될 것이다. 삶의 원동력을 찾을 때 좀 더 발전적인 나의 모습으로 나아갈 것이며, 좀 더 많은 것들을 누릴 수 있고, 나와 다른 사람들도 같이 좀 더 많은 것들을 누릴 수 있으니 행복이 더 배로 되는 것이다. 인생을 늘 풍요롭고 즐기면서 살아가보자. 새로운 도전과 활력소를 찾는 것이 얼마나 행복하고 즐거운 일인지 모를 것이다. 인생에 답은 없지만, 내가 원하는 미래 내가 이루고 싶은 꿈을 위해서 투자를 아끼지 말아야 한다. 똑같은 생활 패턴, 똑같은 직장 생활이 지겹다면 인생에 큰 투자를 해보는 것을 추천한다. 인생을 살다 보면 실패도 실패가 아니라 그것을 통해서 배우는 것이다. 배우다 보면 인생이 더 다채로워질 것이다.

길고 긴 나의 인생에서 배움을 놓쳐서 살아가기엔 시간이 너무 아깝지 않은가?

시간을 좀 더 활용하면서 인생을 즐기면서 살아가자 살다 보면 인생이 풍요롭고 아름답게 멋진 인생을 만들어 가는 것이다. 인생을 즐기면서 행복하게 잘 살아가고 나의 밝은 미래만을 생각하면서 살아가는 것이다. 인생을 즐기다 보면 행복한 인생을 펼쳐질 것이다.

인생을 즐기고 행복하게 살기 위해서 태어났으며, 내가 하는 일에 있어서 행복한 마음으로 일하다 보면 활력소는 저절로 생기면 어떤 일에 있어서 일의 능률도 올라가고 성과도 나날이 더욱 좋아지며, 나에게 일어나는 모든 일에서 배울 점이 있다.

늘 배우고 느끼고 삶에 적용해서 살아가보자. 그대 삶에 늘 행복한 일들만 가득할 것이다. 삶을 즐기면서 재미있게 놀다가자. 긍정적인 마음가짐을 절대로 놓쳐서는 안 되며, 힘든 일이 있을 때에 더욱더 긍정적인 마음을 놓쳐서는 안 된다. 무조건 된다는 마음가짐으로 하나씩 이루어가다 보면 인생은 더욱 더 힘든 일을 딛고선 더 높은 곳으로 나아갈 수 있기 때문이다. 어떤 역경이 오더라도 꿈은 꼭 이루어진다는 마음가짐을 절대로 놓치지 말며, 실패를 하더라도 계속 도전하는 것이 꿈을 이룰 수 있는 발판을 마련하는 것이다. 그렇게 자신의 꿈이 하나씩 이루질 때마다 인생은 좀 더 긍정적으로 발전하고 더욱 성장할 수 있는 기회를 잡을 수 있다. 인생을 더 뜻깊고 아름답게 보내는 것이 얼마나 감동적인 일인지 모를 것이다. 항상 내가 좀 더 멋진 방향으로만 나아가고 있다고 생각하라. 그리고 늘 기분 좋은 상태와 기분 좋은 마음으로 하루하루를 보내라. 인생이 풍요롭고 아름답게 변화하게 될 것이니 말이다. 그대는 언제나 소중하며 언제나 어떤 것이든 이겨 낼 수 있는 힘을 가지고 있다. 삶이 주는 모든 것에 감사하고 내가 할 수 있는 일에만 집중하면서 나아가는 것이다.

인생이 얼마나 멋지고 아름답게 변화할지는 그대가 원하는 방향에 맞춰서 나아갈 것이다. 인생을 늘 풍요롭고 아름답게 수놓아서 나아가는 것이다. 인생이 늘 즐겁고 행복할 순 없겠지만, 슬픔, 화남, 짜증, 우울함, 기쁨, 행복, 사랑 모든 감정을 그냥 수용하고 받아들여보자. 인생은 모든 게 내 뜻대로 되는 것이 없지만, 나의 꿈은 이루어진다는 마음은 절대로 놓치지 말아야 하는 것이다. 그렇게 삶이 주는 것들을 언제나 나에게 다 도움이 되며 살아가면서 느낄 수밖에 없는 감정이라고 수용하면 되는 것이다. 나는 힘든 감정, 슬픈 감정, 화난 감정이 들어도 나의 꿈과 목표를 알기에 그저 수용하고 받아들이며, 내가 이루고 싶은 꿈을 늘 행동으로 실천할 뿐이다. 삶에 있어서 인생을 즐겁고 행복하게 살아가는 것이며, 인생에 목표를 이룰 때까지는 어떤 고난도 이겨낼 수 있는 강한 자신감이 있기에 늘 도전하고 나아가는 것이다. 거기서 언젠가는 답을 찾을 수 있고 살아가는 데도 많은 것을 배울 수 있기 때문이다.

그 꿈을 이루고 나선 내가 어떤 삶을 살고 어떻게 행복을 나눠 주는 것이 첫 번째로 중요한 포인트라고 생각한다. 내가 기쁨과 행복을 주변에 준만큼 더 큰 행복과 기쁨이 나에게로 다시 돌아온다는 것을 알기 때문이며, 삶에 더 뜻깊고 아름답게 수놓아서 나의 인생을 펼쳐 나가면 된다고 생각한다. 언제나 나에게 선물 같은 하루하루를 보낼 수 있게 늘 나를 사랑하고 보호받고 있다는 마음가짐으로 감사한 마음으로 하루를 보내는 것이 정말로 중요하다.

당신의 삶이 늘 행복하기를 응원합니다. 감사합니다. 사랑합니다. 축복합니다.